中 江 藤 樹

# 中江藤樹

●人と思想

渡部　武　著

45

CenturyBooks　清水書院

# 中江藤樹について

中江藤樹（一六〇八～一六四八）は一七世紀前半、江戸時代の初期の儒者であり、わが国における陽明学の祖とされている。しかし、日本人にとっての藤樹は、その徳行を通じて近江聖人と称され、理想的人間像の典型として親しまれてきた。明治三七年四月修身教科書が国定となってから、昭和二〇年八月第二次世界大戦における敗戦に至るまで、修身教科書には、一貫して藤樹が取り上げられ、その徳行と人格的影響が教材として使われてきたのは、その一例といえよう。

さて、日本人の親しみなれてきた中江藤樹の像を知るうえで、昭和一八年刊行の国民学校五年生用の『初等科修身三』の文章を、そっくりそのまま引用しておこう。

三　近江聖人

中江藤樹は、近江の小川村に生まれました。小さな時から心だてが正しく、近所の子どもと遊んでも、わるいおこないを見習うようなことは、ありませんでした。

藤樹が九歳の時、米子藩主につかえていた祖父のところに引きとられました。祖父のいいつけで、藤樹は、字を習いました。よく勉強したので、早く上手になり、まもなく祖父に代って、手紙を書くことさえできるようになりました。

一〇歳の時、米子藩主が、伊予の大洲《おおず》へ移ることになったので、藤樹も、祖父につれられて、大洲へ行きました。

一一歳の時、ある日、経書を読んで、人はだれでも身をおさめるのがもとである、と書いてあるのを見て、勉強さえすれば、聖人といわれるほどの徳の高い人にでもなれるとさとって、それからはいっそう身をおさめることにつとめました。
一四、五歳のころ、祖父母は、相ついで死にましたから、藤樹は、祖父の家をついで大洲藩主につかえました。一八歳の時に、故郷の父が死んで、母一人になったので、その後役をやめて、小川村へ帰ることになりました。
小川村へ帰ってのち、くらしはまづしくても、年よった母につかえて、よく孝行をつくし、また熱心に学問をはげんだので、たいそう徳の高い学者になりました。

藤樹をしたって、遠いところから教えを受けに来る者が、だんだん多くなり、小川村を始め、近くの村々の人は、みんなその徳に感化されました。

世間の人は、近江聖人と呼んで、藤樹を心からうやまいました。

四一歳の時、藤樹はなくなりました。なくなってからも、藤樹の感化は、みんなにしみこんで、村の若い者は夜集って手習をし、たがいにおこないをつつしんだので、小川村は、たいそうよい風俗になりました。それから長い歳月がたっていますが、今でも村の人たちは、毎年祭をして、藤樹をしたっております。

ある年、一人の武士が、小川村の近くを通るついでに、藤樹の墓をたづねようと思って、畠を耕している農夫に道を聞きました。すると、農夫は「旅のお方には、わかりにくいでしょうから、御案内いたします。」といって、先へ立って行きました。途中で、自分の家にたち寄り、着物を着かえ、羽織まで着て来ました。その武士は、心の中で、自分をうやまって、こんなにていねいにするのであろう、と思っていました。

藤樹の墓についた時、農夫は、垣の戸をあけて、武士を正面に案内し、自分は戸の外にひざまづいて、うやうやしく拝みました。このようすを見て、武士はおどろき、さきに農夫が着物を着かえて来たのは、まったく藤樹をうやまうためであったと気がついて、農夫に、「藤樹先生の家来ででもあったのか。」と聞きますと、農夫は、「いえ、そうではありませんが、この村には、一人として先生の御恩を受けない者はございません。私の父母も、『自分たちが人間の道をわきまえ知ったのは、まったく先生のおかげであるから、決して先生の御恩を忘れてはならない。』と、つねづね私に申し聞かせております。」と答えました。

その武士は、初め、ただ藤樹の墓を見て行こうというくらいにしか考えていなかったのでしたが、農夫の話を聞いて、深く心にはぢ、ていねいに墓を拝んで行きました。

昭和二〇年八月第二次世界大戦における日本の敗北の後、長くなれ親しまれてきた藤樹は、修身廃止と運命をともにし、封建的な教えを説いた儒者のひとりとして見捨てられた。

ところで、わが国で聖人といわれる人はほとんどいない。有名なことばだが、荻生徂徠は、「熊沢蕃山の知、伊藤仁斎の行、これに加えるに自分の学をもってしたならば、日本ははじめてひとりの聖人を出すことになろう。」といっている。弱小後進の日本には聖人は出ない。こういう考えはかなり一般的で、荻生徂徠はそうはっきり断言しているし、中江藤樹もそう考えていたらしい。

そのわが国で、例外的に聖人をもって呼ばれてきたのが、中江藤樹である。在世中すでに聖人視されたらしい形跡がある。文献的には、百年後、河口子深の『斯文源流』に、近江聖人の語が出てくる。没後百年にして、近江聖人の称はすでに定まっていたのである。

聖人は出ないといわれる日本で、中江藤樹は抵抗なく、聖人と呼ばれてきたことは、考えてみれば、不思議なことである。

聖人君子といわれる道徳的に完成された人物は、人間の理想であり、努力目標であることに誰も異論はないが、さてわが身にとってみると、聖人君子とのつき合いはさぞ気ぼねの折れることだろうし、敬遠させていただいて、さてわが身がそうでないことにほっとした気安さを感ずることだろう。江戸時代の国学者本居宣長のように、聖人を鼻もちならない偽善の徒として、積極的に否定する人さえある。どちらかといえば、聖人は、人間の理想としては、日本人の肌に合わないといえよう。ところが中江藤樹は、例外として、長くよく親しまれてきた。これまた不思議なことである。

中江藤樹が聖人と親しまれた不思議を解く鍵は、先の河口子深の次のことばの中にあるのかも知れない。「藤樹先生は、陽明学を好み、栄誉や利益を超越し、世間を離れるようにしていたが、その人柄は自然に人々を感動させ、近江の聖人といわれ、優れた人物がその弟子の中から多く出た。淵源右衛門、中川権左衛門は有名だが、藤樹の教えに従う人は名声を求めないので、後世名の伝わらない人も多いことであろう。」

それにしても、不思議さは残る。河口子深のことばにしても、先に掲げた修身教科書の文章にしても、そこに出ている藤樹の姿は、あまりに立派すぎるし、生まれつきできあがりすぎている。それは、為政者が好み、教師が好み、親が好むかもしれないが、日本人の血が好むものではない。日本人が好きなのは、聖徳太子であり、平重盛であり、源義経であり、大石内蔵助である。これらの人物はすべて悲劇の主人公である。大いなる運命の力による挫折への心情的な共鳴こそ、日本人の血が求めるところのものである。これら四人の人物の生涯と、藤樹の生涯との間には何らの共通性もない。しかし、聖人藤樹が小川村の村人に親しまれ、次第に広く遠くにその名が伝えられたことは、藤樹その人に、人々の共感を呼びおこすもののあった証拠である。それは、道徳的完成者というようなものではなくて、やはり、悲劇性につながる、人々の共鳴し得る劇的な生涯ではないだろうか。道徳的完成者としての近江聖人藤樹は、むしろ後世の作為であろう。作為以前に、小川村の村民が共感し得る聖人藤樹があったはずである。

近江聖人中江藤樹の生涯は、たとえば修身教科書が語るような平穏無事なものではない。二七歳の命がけの脱藩、武士の身分の一方的な放棄ひとつとっても大変なことである。またその人柄も晩年の温厚謙遜なのに対して、青年武士藤樹は、とげもあり、人と争うこともあった。また職責を全うしようとして安眠できない夜を過ごしてもいる。先の四人物とは異なる内的な悲劇性が、藤樹にはある。修身で坦々と語られている藤樹の生涯にも、脱藩、『翁問答』の著述、王陽明との出合いという劇的な出来事によって分けられる四つの時期がある。そしてこの三つの事件に、劇的になり得た藤樹内面の苦闘がかくされている。

戦後、昭和四五年藤樹講習会が国立江田島青年の家で行われ、四六年は藤樹の生地安曇川町、四七年は大洲市で研究会が行われた。また、高等学校社会科『倫理・社会』の教科書にも思想家中江藤樹がぽつぽつ復活登場してきている。

藤樹没後三〇〇年以上をへて、その間、藤樹の聖人像は理想化され完成されてきた。そのために日本人が本当に身近に親しむことのできる聖人は、かえって見失われてしまったのではないだろうか。藤樹晩年の歌に

生まれ来し初めは露も知らざりし

あらぬなやみを身にしめんとは

とある。日本人ただひとりの聖人は、やはりわれわれの血が共感する人物であったはずである。

本書はそのようなわれわれが共感する藤樹の人間像をさぐるひとつの試みである。

# 目次

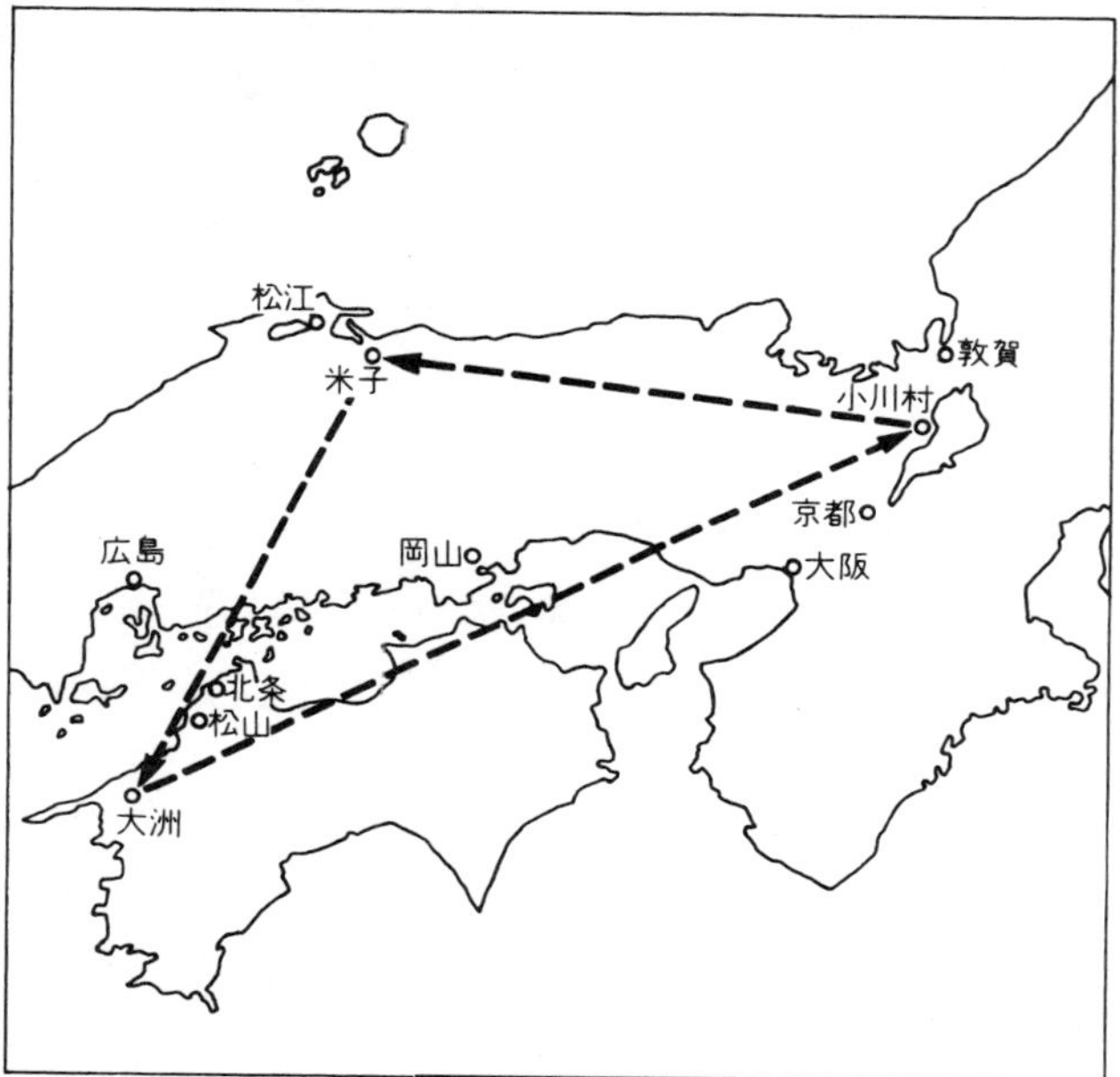


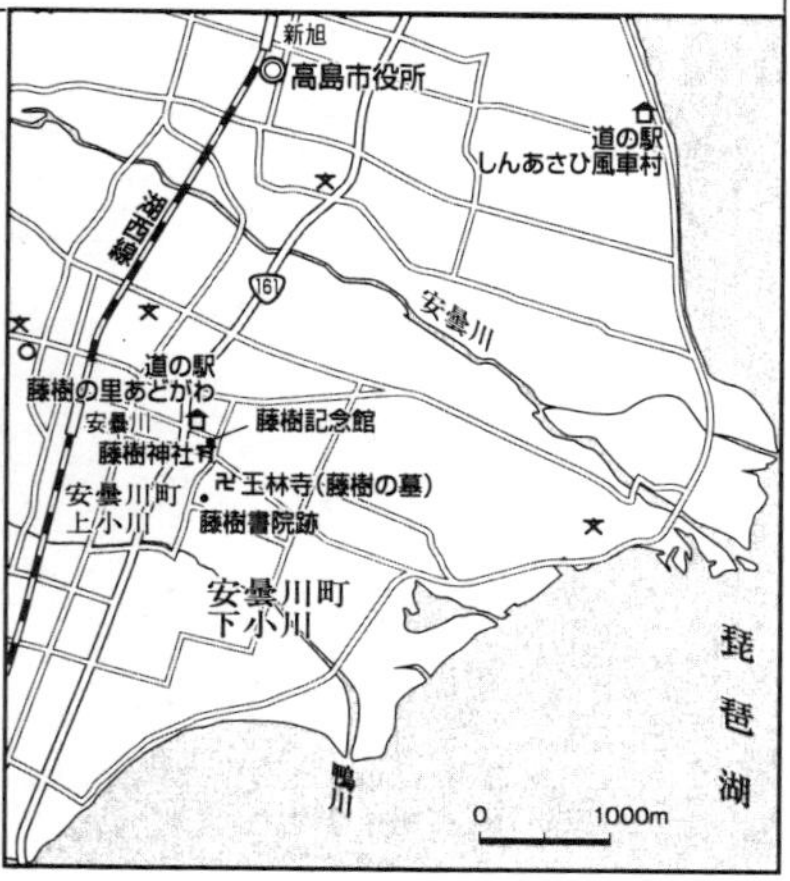


藤樹は小川村に生まれ
九歳祖父の養子となり米子に移り
一〇歳藩主転封のため祖父と大洲へ
ついで祖父代官となり風早に転じ
一三歳大洲にともに帰る
二七歳脱藩し小川村に帰る
以後小川村で学問と教育に生涯を過ごす

# I　若き日、聖人を志して

# 新しい社会の誕生

中江藤樹は一七世紀前半の儒者である。一七世紀のわが国は、関が原の戦をもって幕が上がった。豊臣方の西軍は無惨な敗北を喫し、石田三成・小西行長・安国寺恵瓊《えけい》らは京都六条河原で斬られた。一六〇三年徳川家康は幕府を江戸に開いた。そして、一六一四年には大坂冬の陣、その翌年には大坂夏の陣が起こり、秀頼とその母淀君は自刃《じじん》して大坂城は落ちた。

**日本の再編成**

上杉謙信と武田信玄、今川義元、織田信長、豊臣秀吉、徳川家康と、多くの英雄たちがならび立って、天下人を夢みて覇を競い合った長い戦乱の時代は終わったのである。いわゆる元和偃武《げんなえんぶ》である。天下の実権は徳川氏の手に帰したのであった。

徳川氏は、その支配を固め、平和を維持するために、国内の体制の再編・整備を、慎重かつ断乎として遂行した。家康の、関が原の戦の戦後処理は極めて厳しかった。西軍に属した大名八七家四一四万石の領地を没収・減封し、これを自分の直臣や東軍の諸大名に再分配し、また要地を直轄領とした。そして、家康・秀忠二代二〇余年間に、御三家のもとがおかれ、畿内・東海・関東を親藩・

燃える大坂城に攻めこむ徳川勢（東照社縁起）

譜代で固め、外様大名をその外側におき、しかもその間には譜代大名を配し、全国にわたる大名の配置の基本はおおむね固まった。三代将軍家光はそのあとを受け、厳しい大名統制政策を断行して最終的な仕上げを行った。多くの暗く奇怪なお家騒動はその落とし子であった。家康・秀忠・家光の三代五〇年間に、取りつぶされた大名は一二三家に及んだ。四四家は男子の跡取りがないため、七七家は幕府の法律に違反したという理由で、二家が大坂の陣に関係して取りつぶされた。また配置がえや減封もさかんに行われた。

平行して法律も整えられた。一六一五年豊臣氏滅亡二か月後、武家諸法度・禁中並公家諸法度・諸宗諸本山諸法度を発布したのにはじまり、藤樹が没した翌年の一六四九年、直接農民に向かって出された慶安御触書をもって、幕府の権力支配のための法律は整えられた。かくして徳川の幕藩体制は成立し、江戸三〇〇年の泰平の基は定まったのである。

しかし、平和の回復と新しい社会の誕生は、伝統的な武士の存在意義を失わせるものであった。また、大名の取りつぶしや減封によって多くの牢人が生まれた。その一部は帰農し、あるいは商人となり、また儒者となったりしたが、新しい秩序からはみ出したままの者も多く出た。武士たちは、ある者は前途を思って不安におびえ、ある者は昔をなつかしんで不平不満をいだいた。しかし逆に、新しい時代の新しい武士のあり方を求めて、自らの前途を打開しようとする者もあった。中江藤樹が生涯を過ごした一七世紀の前半とはこのような時代であった。

## 仏教から儒教へ

日本の再編成の過程の中で、仏教にかわって儒教が時代を導く力をもつようになってきた。戦国の英雄北条早雲・上杉謙信・武田信玄らは仏教の影響の下にあり、家訓で神仏を敬うべきことを説き、自らも入道となった。もちろん配下の武士や農民たちも仏教の下に生活していたのである。この仏教が、鎌倉時代以来もち続けてきた強力な指導力を急に失っていったのはなぜだろうか。

織田信長・豊臣秀吉・徳川家康のような新しい型の武将が出現したことが、ひとつの原因である。彼らが天下統一をめざす時、仏教の下にある武士や農民と激しく闘わなくてはならなかった。信長は比叡山を焼き、本願寺と死闘を続けた。家康も武将としての生涯の出発にあたって、領内の一向一揆のために危機に陥っている。彼らは武力で仏教勢力をたたいた。さらに彼らは、仏教に対抗する力を利用した。信長や秀吉はキリシタンを利用した。しかし政治的侵出の危惧から鎖国を断行し、キリシタンを追放した。そして苦労人の家康が儒教に注目したのである。

他方、儒教を受けいれる地盤が社会にできつつあった。安土・桃山時代から江戸時代へと、天下は新しい機運の下に、平和な統一社会に向かっていた。世間には、新しい秩序も生まれはじめ、新しい人間の社会関係も芽ばえ、世俗の生活にも希望の光がさしこんできた。人々の関心は、自分と自分をとりまく現実の社会生活に向いていった。その結果、出世間的な教えである仏教よりは、現世的な政治的・社会的倫理を説く儒教の教えに耳を傾ける人々が出るようになった。社会はすでに儒教を受けいれる態勢にあったのである。

一方儒教は、朱子学でさえも早くから京や鎌倉の五山の禅僧や博士家によって研究されていた。そして戦国時代以来、地方に難を避けた彼らによって、儒教は、越前、周防、薩摩、土佐などを主に、地方に伝播しており、この面からも儒教興隆の素地はできつつあったのである。

ここに、家康の林羅山の登用と、その羅山の政治的活躍をきっかけに、江戸儒教は急速に興隆したのである。

では、この儒教に対して人々はどのように接したのであろうか。

一向一揆の旗

## 人の道と治者の道

儒教は、修身・斉家・治国・平天下を説き、社会的存在としての人間のあり方を述べ、人としての道と治者としての道は一体であるとしている。この儒教の教えに、身分・立場・関心・意図などに従って、ある人は人の道を求め、ある人は政治のあり方と治者の責務を見いだすのである。

　近世初期の社会再編の時にあたり、儒教に社会再建の原理と策をみた代表的人物は、近世儒学の祖といわれる藤原惺窩《ふじわらせいか》である。これに対し、新しい世の中に生きる人間のあり方を儒教に求めたのが、わが中江藤樹である。

藤原惺窩

　藤原惺窩（一五六一～一六一九）は、悲劇の将軍源実朝の歌の師であり、『新古今和歌集』の撰者として、象徴的歌風を完成した一代の歌人藤原定家十二世の孫である。惺窩は戦乱によって父と兄を失い、幼くして京都五山のひとつ相国寺に入り学僧となり、漢詩文を学ぶかたわら儒学の経典にもふれ、仏教にない社会的人倫の教えにひかれていった。秀吉の朝鮮出兵の時、慶長の役で捕虜となった朝鮮の朱子学者姜沆《きょうこう》から朱子学を学んだ。肝胆《かんたん》相照らす仲となった惺窩は姜沆に、わが国の社会的混乱と民衆の苦難を嘆き、その原因は朝鮮や中国のような儒教を生かす制度が欠如しているからだと語っている。このことは、彼の関心が政治的、社会的側面にあり、この面から儒教に接し、儒教を信奉していることを示している。彼が石田三成の招きに応じようとし、また家康と交渉をもったことは、そのあらわれである。しかし、彼は学者としての立場を守り出仕しなかった。その学問も自らの関心から朱子学のみに限らず、陽明学など広く学ぶ面をもっていた。

惺窩を一歩進めてはっきりと社会的、政治的に儒教をとらえたのが林羅山《はやしらざん》（一五八三〜一六五七）である。羅山は惺窩の門人であり、師の推挙で家康に認められ出仕する身となり、朱子学を信奉して、家康に君主道徳を説き、武士を支配階級として位置づけ、治者としての責務を説いた。羅山は、当時のしきたりに従って、僧の姿となり道春と僧号を用いてまで、惺窩が身をおくことを避けた政治の場に入ったのである。この政治性は、儒教の説くもう一方の道徳性と相いれない面がある。道徳性の立場を厳しく守るわが中江藤樹は、この羅山のあり方を、後に述べるように激しく批判するのは当然である。では、中江藤樹はどのような人であったのだろうか。

# 少年の日々

## 孤独のかげ

　中江藤樹は一六〇八年、慶長一三年三月七日（太陽暦四月二一日）、近江国小川村に生まれた。現在の滋賀県高島市安曇川《あどがわ》町上小川である。琵琶湖の西岸、北国街道（今の国道一六一号線）沿いの農村で、京都から五〇キロのところにある。一六〇八年といえば、秀吉の死後一〇年、関が原戦後八年、江戸幕府が開かれて五年、そして八年後に大坂夏の陣で豊臣氏は滅亡する。世は不穏な空気をただよわせながらも、新しい平和な社会に向かって今一歩のところまできていた。

　藤樹の出生とその周辺は記録がなくほとんど不明である。藤樹は生まれて、中江与右衛門と呼ばれた。父は吉次《よしつぐ》、母は市、両親は農業を営んでいたといわれている。しかし、祖父は武士であり、父も諱《いみな》と通称をもっている点からすれば、父は根っからの農民ではなく、郷士《ごうし》のような存在であったのではなかろうか。

　祖父吉長が仕える加藤家は、天正年間秀吉に従って小川村に近い高島城主であったことがある。加藤家と中江家の間に主従関係を考えることはできる。では、祖父は仕えながら、なぜ父は引き

小川村

籠って農業を営んだのだろうか。一切事情は不明である。しかし、父にも祖父の跡を継ぎ武士となる機会はあったはずである。それにもかかわらず、父は農民としての生活に生涯を託する覚悟を固めていたのであろう。しかし、そこには、祖父のことや、隣村出身で祖父と同じ加藤家に仕えて重きをなしている中村与兵衛尚重、長右衛門正重父子などのいでて仕えている人々を思い、かえりみて己れの農民としての人生を思う時、にがい思いがあったのではなかろうか。藤樹が早くから人生を考えたといわれているが、こうした父の境涯の影響をそこにみることはできないだろうか。

少年の日の藤樹については何の記録もなく、藤樹自身も語っていない。ただ後の記録に、藤樹は片田舎に生まれながら、野卑な風に染まらず、近所の子どもと遊ぶ時も、いつも物静かで、他の子どものようにさわぎまわるようなことはなかった、とある。この記事は、おそらく偉人は幼時より人と違っていたという、他にもよくある後世のつくり話のひとつであろう。

しかし、少年与右衛門のこの姿に、藤樹の家庭と父の影をみることはできないだろうか。この姿は後の聖人を予想させる気品や超俗の姿ではない。村の百姓の子どもとともにさわぎまわることのできない、一沫のさびしさを宿した孤独の姿である。この孤独に耐える姿は藤樹の生涯に、ついてまわっているように思われる。

## 立志

人生は予期しない出来事で大きくかわるものである。藤樹九歳の春、六九歳の老軀をひっさげて祖父ははるばると米子からやってきた。それは藤樹を養子としてひきとるためであった。

当時、祖父中江徳左衛門吉長は米子藩加藤家に仕える百石の武士で、末席ながら士分格として藩政にあずかる身分であった。その頃、武士の家は男子の跡取りがないまま当主が死亡すれば、家は絶え禄は取り上げられることになっていた。すでに六九歳の祖父は、余命を思い後の事を考えたのであろう。世情をみるに、前年に大坂夏の陣が終わり、天下の統一はなり、平和な時代が到来したことも、祖父の心を動かしたであろう。だが、跡取りとなる子の吉次は農業に従ってすでに四三歳にもなり、今さら武士にもなれない。そこで孫の藤樹ならということになったのであろう。

祖父の希望に父吉次は、娘はいるが、男子はただひとりであることで反対した。しかし、祖父の強い決意とたっての希望に、ついに折れざるを得なかったらしい。だが、そこには父の藤樹への配慮がなかったとはいい切れない。父が自分の人生における迷いや苦しみをふりかえり、そのうえで藤樹の将来を考えての愛情ある決断があったのではないか。片田舎とはいえ北国街道筋にある小川村には、京大坂をめぐっての世の中の動きも伝わっていたであろう。祖父もまた父に世の動きを語ったに違いない。新しい世の中の変化を聞くにつけて、子にひかれる父親の思いは複雑であったろう。

米子市

こうした曲折の末に、父は藤樹の将来について、祖父の説くところに心が傾いたのであろう。藤樹は祖父に伴われて父母の膝下を離れ、北国街道を北へたどり、敦賀から海路米子に着いて、武士としての道を歩むことになった。少年の日の父母との別離は、藤樹の人柄と思想のうえに何らかの影を落とさないではおかなかったであろう。

翌元和三年七月、加藤家は伊予国大洲（愛媛県大洲市）へ転封になり、藤樹も祖父とともに一旦大洲に入った。その冬祖父は風早《かざはや》郡の代官を命ぜられたので、この地にともに移った。風早は現在の北条市で、松山市の北方一六キロの瀬戸内海に面した地である。

米子で、風早で、祖父は農民の子藤樹に文字や文章を習わせるのに熱心で、師をつけ、当時手習本として広く用いられていた『庭訓《ていきん》往来《おうらい》』や『貞永式目《じょうえいしきもく》』なども勉強させた。

このような勉学を続けるうちに、立志の機会がめぐりきたった。

藤樹立志の碑

それは、藤樹が一一歳の時の『大学』との出合いである。藤樹は『大学』の「天子より以て庶人に至るまで、壱是《いっし》に皆身を修むるを以て本と為《な》す」の文章に出合い、深く感動した。学ぶことで誰でも聖人になれる、自分も学んで聖人になろう。かく藤樹は心に固く誓ったのである。藤樹、少年の日の感激の立志の瞬間であった。

熱しやすく冷めやすいのが人の常である。だが藤樹は、立志の感激と決意を生涯もち続けた。

## 理想主義者誕生

さて、この大きな感激がなぜ藤樹に起こったのだろうか。ひとつの推理を試みてみよう。この感激は、機が熟し思いあたることがあって、これまでの不審が解けたことによるのだろう。何が解けたのか。

父も迷った、藤樹にも不審がある。父は自分の生涯をどこにおくべきかで悩み迷った。その父の悩み迷いは藤樹の不審でもあった。だが、父も藤樹もこの問題を解ききれなかった。激しく流転する世の中に、何の手がかりもなくては、自分の生き場所を定めようもない。定まらないまま、うまく時流に沿い、現実に適応して流れていけば気が楽だろう。だが、そこを流されまいと真剣に考えるほどに、人生はつらくなる。つらい中からうまく流れている奴をみると、あんな奴がと不平不満が頭をもち上げて、自己嫌悪に陥る。迷いは深まり、苦しみは増すばかりだ。『大学』の章句は、ここに誤りがあることを教えた。人間には、時と処をこえた普遍の道がある。この普遍の道に立って考えなくてはいけないと。

考える手がかりは示された。聖人を通して、世界とその中の人間の姿がみえてきたのである。これまでみえなかった世界が藤樹の前に姿をあらわしたのである。新しい世界を前にして、藤樹は大いなる驚きとよろこびの情がわき起こったのである。

藤樹の立志の感激が大きかっただけに、聖人をめざし、聖人に体現されている人間普遍の道をよりどころとしようとする決意もまた固かったであろう。それゆえに、『大学』の章句による立志は、藤樹の生涯に直接かかわってくる。この点を考えてみよう。

まず第一に、藤樹は聖人をめざし、人間普遍の道の実践をめざす理想主義者となる。少年藤樹の理想主義は青年期をへて壮年時代へ生涯を通じてかわらなかった。この理想主義は現実との間に矛盾葛藤をひき起こし、藤樹に厳しい生涯を送ることを余儀なくさせた。

第二に、藤樹はヒューマニストになる。人間は身を修め聖人をめざす点では、皆同じである。天子から庶民に至るまで、身分・職分の違いはあっても、人間として平等である。さらに人間平等観から、自分に対しては、脱藩してまで自分を守るということに示されるような、自己を大切にする態度が生まれ、他人に対しては、愚昧な大野了佐にも全力を尽くして教育するというような、他人を大切にする態度が生まれる。人間の平等と、自他の尊重という内容をもつヒューマニズムが藤樹の生涯を貫くのである。

そして第三に、藤樹は、聖人をめざし、人間の普遍の道を歩もうとする主体的な行動する人間となる。そしてまた、藤樹は、そのような人間の主体性・自主性に信頼をもつのである。

藤樹青年像

藤樹の生活に深くかかわる立志は、日々の修練の目標である武士についての藤樹の見方をどのようにかえたであろうか。よい武士、立派な武士とは何か。時代は武士に脱皮を求めている。戦士から政治家へと。祖父の藤樹に対する教育熱心もこの辺に原因があったのであろう。流れを見抜き諸事抜かりなく処理するのがよい武士だろうか。それとも、これまでのように、強く勇ましくいさぎよい戦士がよい武士だろうか。しかし、藤樹にとっては、もっと違った本当の武士の輪廓が浮かんできた。武士である前に、聖人に体現されている人間普遍の道に立とうとする人間でなくてはならない。この前提に立ったうえで、武士のあり方が問われなくてはならない。武士が人間の典型や原型であるのではないのである。武士は人間の観点から、その姿をとらえ直さなくてはならない。それは一体どういうことであろうか。この新しい課題に、武士をめざす藤樹は取り組まねばならなかった。

## 家老に対する幻滅

新しい課題に取り組んで、藤樹は一段と学問に精を出したことであろう。幸いに祖父は教育に熱心である。しかし藤樹をとりまく環境は極めて不十分で、藤樹はほとんど独学でやるほかはなかったようである。

このような藤樹にひとつの武勇伝がある。藤樹一三歳の時のことである。元和六年は夏に雨が多く飢饉になったため、牢人者須卜《すぼく》に煽動された風早の農民が他へ移ろうとした。祖父吉長は、須卜の説得に直接あたったが失敗し、彼とその妻を殺した。須卜の子は一党を率い復讐をはかった。祖父はこの際とばかりその一党を一掃しようとして、藤樹にもその策の一翼を担わせた。藤樹は全く恐れる様子もなくその役を果たし、祖父を大いによろこばせたということである。

刀を提げて寇を守る草童の年
禄を辞して郷に帰る三百銭
百行皆勇に従って得る処
江西千古の一名賢

江戸の詩人頼杏坪《らいきょうへい》の詩である。その第一句がこの事件のことである。第二句は脱藩帰郷のことで後に述べる。

藤樹は、祖父の跡を継いで武士として身を立てる日に備え、武術の修練と心身の鍛錬に怠りはなかったであろう。その藤樹にとってひとつの内的な試練が訪れたのである。藤樹一四歳の時である。家老大橋作右衛門が諸士四、五名とつれだって祖父の家を訪れ、終夜対話した時のことである。

家老大橋作右衛門とは何者か。彼は人物識見ともに藩中にならぶ者なく、藩主の信任も極めて厚かった。急転回する時の流れの中で、藩主を助けての経営はなかなかであったろう。藩主加藤家の初代光泰《みつやす》は美濃に生まれ、斎藤道三の孫龍興に仕え、その敗北後近江に隠れ、のち豊臣秀吉に仕え軍功を重ねた。天正一〇年明智光秀が滅びたのち、その遺領丹波周山城の管理とともに近江に移り、やがて高島城主二万石の大名、天正一三年美濃大垣城主に転じたが、秀吉の勘気を受け知行を没収された。やがて許され、近江佐和山城主となり、小田原攻めののち甲斐二四万石の領主となったが、文録の役に陣没した。秀吉にあまり重用されて、石田三成の嫉妬を買って毒殺されたという話がある。跡を継いだ貞泰《さだやす》は、文録二年美濃黒野に封じられたが、三成への反感から関ヶ原の戦では徳川方に従い軍功を立てた。慶長一五年伯耆米子六万石へ、次いで元和三年大洲に転封、元和九年に死去した。嗣子泰興と弟直泰の間に後継争いが起こり、九年の歳月を費やして、加藤家は長子泰興が継いで大洲藩主となり、弟直泰は新谷《にいや》藩をおこして分封することで落着した。お家騒動は一歩処理を誤ると幕府の乗じるところとなり、お家取りつぶしになる。さらに藤樹出仕後であるが、松山藩は藩主蒲生忠知が参勤の途次京都でなくなり、跡継ぎがないため断絶した。そのため大洲・新谷二家は松山城の留守居役を命ぜられている。まことに加藤家も多事多難であった。大橋作右衛門は関が原の戦以前から加藤家に仕えて、難局を乗り切ってきた人物である。この実績をもつ人物であるのだから、常人とは異なるところがあろうし、聞くべきこともあるであろう。こう思うのは人情の自然であろう。藤樹は隠れて壁ごしに話を聞いたのである。その話を聞いてみたい。だが、藤樹の期待は空しかった。

藩第一級の人物がなぜ藤樹の期待を裏切るようなことになったのだろうか。世代の断絶ということもあるだろう。それ以上に重要なことは、両者の考え方の根本の違いである。武士に生き抜く家老と、人間普遍の道から考える藤樹の違いである。藤樹が家老に発見しようとしたのは、武士の装いの底にある人間であった。武士以外に人間でありようのない人物に、武士である前に人間であることを期待した藤樹の方が見当違いをしているといってよいだろう。しかし少年藤樹は、元服の日も近い日に、藩内第一の人物に空しく期待を裏切られ、現実の武士に対する幻滅をまず味わったのである。そして、それは、少年藤樹は気づかなかったであろうが、やがて武士となった日に闘わねばならなかった、理想と現実の矛盾のあらわれにほかならなかったのである。

## 士道と儒道

### 人生の船出と最初の試練

元和八年（一六二二）藤樹は一五歳となり、元服して字《あざな》を惟命《これなが》とつけた。それは『大学』の「伝」第十章に、「康誥《こうこう》に曰く、惟《こ》れ命《めい》は常に于《お》いてせずと。善なれば則ち之を得、不善なれば則ち之を失うことを道《い》うなり」からとられている。その意味は次の通りである。天命には一定不変ということはない。徳を根本としてそれに則《のっと》って行動すれば人々が帰服して天命を得、徳に則らなければ人々は離反して天命を失うのである。天命を得るも失うも、その原因をほかならぬ自分自身がつくっているのである。だから人は自ら慎《つつし》まなくてはならない。

さて、その年の秋祖父吉長がなくなった。七五歳であった。家老大橋作右衛門のはからいで、藤樹は祖父の跡を継いで百石を賜り、出仕する身となった。

藤樹は武士の世界へ船出して早々、祖父を失い、前年の秋に祖母をなくしており、両親は遠く近江にあり、単身孤独の境涯となった。理想の武士たることを固く誓って努力精進しようとする藤樹にとっては、この孤独はひときわ厳しく心に迫ったことであろうし、藤樹を極度の緊張においやったことであろう。それゆえであろう。その頃の藤樹は、平生仲間の武士とのつき合いの中で、ちょっとした過失があっても深く恥じ入り、自ら反省して、月を越しても忘れなかった。このように羞恥心が強く、ちょっとした物事のやりとりに対しても、藤樹は神経を使い、慎重であったといわれている。

この藤樹に追いうちをかけるように、寛永二年（一六二五）父吉次が小川村でなくなった。享年五二歳である。藤樹一八歳の春であった。父と相別れてから一〇年、その間一度も会う機会をもたなかった。幼にして父母の膝下を離れた藤樹が、一二歳のある日、食事を取りながら、ふと、今日自分がこうしていられるのも、まず父母の恩であり、そして祖父母の恩であり、主君の恩であることを思ったという。その藤樹にとって、この父との死別は予期しなかったことだけに、大変な打撃であったろう。それゆえに、これを機に、残された母への藤樹の思いは、さし迫ったものとなったことであろう。

## 朱子学への傾倒

武士としての理想を模索する藤樹の関心をひきつけた学問は、現実の人倫の道を説く儒学であった。藤樹は藩士として出仕し職務に精励すると同時に、儒学にも専念し、士道の実質的内容を儒学に仰ぐこととなった。

しかし、当時の大洲の気風は武を尊重し、文を軽蔑していた。寛永元年の夏に、医師の招きで禅師が京都からはるばるとやってきて、『論語』の講義が行われた。藤樹はこのことを知って早速聴

大　洲　城

講した。ところが同藩の武士はひとりも聞きにこなかった。

　藩主加藤家の先々代光泰は学問を好み、朝鮮出陣中も論孟二書を離さなかった。それ以来加藤家は学問を好んできたといわれている。時代は元和偃武である。大洲はいよいよ文運隆盛となるべきところを逆に武断的になっていた。なぜだろう。天下の帰趨が定まる中で、文武の比重に変化を生じている。各藩が安定して存続するには、行政的手腕の優れた人材が必要である。藩主たちもそのような人材を広く求めて登用する傾向にあったし、それに相応じて、自薦他薦さまざまに売りこみもさかんであった。そして策士型・能吏型の武士が登用され、主君に取りいることの上手な者が重用されるようになってきた。戦国を通り抜けてきたはえ抜きの武士たちにとって、このような情勢は苦々しい限りであったろう。そしてそうした苦々しい思いが、戦乱の昔をなつかしみ、武断的空気を逆に今強める働きをしていたのかも知れない。

　さて、少年時代に『大学』から正心・修身・斉家などを学び、人倫の理想にふれたが、指導を受ける師もなく、それきりになっていただけに、藤樹はよい機会とばかり、仲間に知れないようひとりこっそりと出席し、禅師の『論語』上篇の講義を聞いたのであった。

藤樹は、大洲に信頼できる師もなく、他所から師の来るのを待っているわけにもいかないので、独学を決意し、『四書大全』を求めた。

『四書大全』とは、明の成祖永楽帝の命によって編纂された四書の注釈全集である。四書とは『論語』『孟子』『大学』『中庸』で、朱子が儒教の根本原典として最も重視した古典であり、朱子は四書の選定と注釈をして、朱子学を世に問うたのである。『四書大全』は朱子の注釈を主に、王陽明の注釈も採られており、『四書大全』を勉強した藤樹は、朱子学と同時に陽明学の思想にもふれたことになる。

さて藤樹の勉強ぶりはどうだったろうか。

大洲の武断的な気風の中で、読書勉学していることが知れると、人からけちをつけられ、非難を受ける心配があった。藤樹はそれを避けるために、公私にわたってその日のことをすべて終え、夜中になってから『四書大全』を取り出して勉強にかかったという。まず少年立志の感激のきっかけとなった『大学』から『論語』『孟子』への順で、毎夜欠かさず二〇ページ読むことにして、実行した。これは朱子の示す順序でもある。最初の『大学』の部分が最も大変だったようである。毎夜二〇ページ読んで考える。考えてわからない箇所はしっかり心に留めておき、考え抜くようにする。深夜ねむりについてから夢の中で、心にかかる箇所に妙案が浮かび、はっと目がさめて検討するこ

『大学』開成石経

ともしばしばあったらしい。こうして心をくだき苦しめて、『大学』を繰り返し繰り返し読むこと百遍にも及んで、やっと納得がゆき自信がもてるという具合であった。藤樹の厳しい精進ぶりのほどがうかがわれる。

　こうしてひとり苦辛するうちに、やがて気《き》心《こころ》が知れ同志となる仲間もできて、ともに学びともに語る日がやってきたのは藤樹二〇歳の頃であった。このことは藤樹の学問をさらに前進させ自信を深めさせたであろう。初心の同志のための手引きとして『大学啓蒙』を藤樹は二一歳の時に著している。しかし本書は残っていない。藤樹が後にみてまだ不十分なものだといって破棄したためである。藤樹は、著書を書いてもなかなか出版させなかった。書いているうちに不十分な点に気づいたり、書き上げてみて意に満たなかったりしたためである。藤樹がいかに日々新らたに努力し、納得のいくまで徹底しなくては止まなかったかがよくうかがえる話である。

　この頃の藤樹の勉強で注目されるのは、『四書大全』に従って『大学』を主に学んでいること、朱子学に傾倒していったこと、聖学を自己の目標と決定したことである。藤樹は『四書考』『読四書法』で、四書は『大学』よりはじめて論孟をへ、『中庸』に進むのがよいと述べており、一一歳

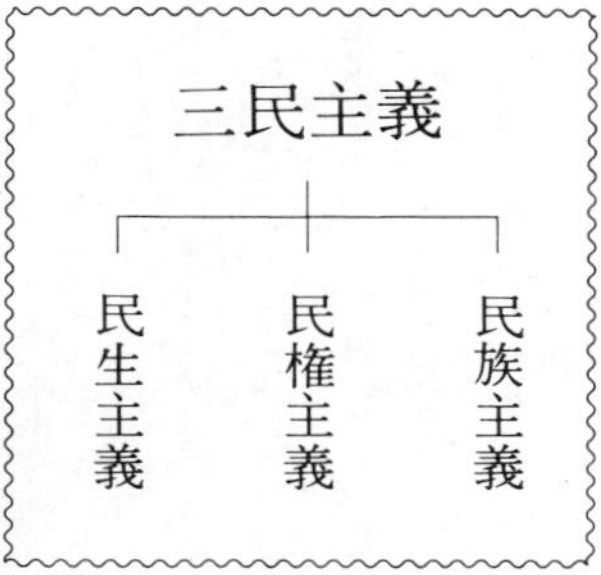


孫文と「三民主義」

立志から晩年に至るまで、藤樹の学問は『大学』が中心であった。

ここで『大学』について一言しておこう。『大学』は『礼記《らいき》』の一篇であったものを、朱子が最終的に原典批判を行って内容を選択決定し、独立の一書にした書物である。それは、大学の教育目的を説いている。その内容は、為政者は自己を優れた道徳的人格に高めるよう努めると同時に、人々が相親しんで平和な生活が送れるように心しなくてはならないというものである。それには、明徳を明らかにし、民に親しみ、至善に止まるという道の実践を心がけて、一瞬たりとも道から離れないようにすることであり、そのための修養は、格物・致知・誠意・正心・修身・斉家・治国・平天下の八つであると述べている。『大学』はこのように道徳と政治の間の深い相関関係を説いた書物であり、古代儒教の精華として評価されている。孫文はその著『三民主義』で、「中国には、外国の大政治家さえまだ見透しておらず、それほどはっきり説いていないような、最も体系的な政治哲学がある」と述べて『大学』の文章を引いている。朱子は、『大学』の中で、先述した道の三つの内容と修養の八つの項目を、大学の三綱領《こうりょう》八条目と呼んで重視し、それらの間に本末先後の関係を明確に示し、とくに一切の出発点として「格物致知」を強調したことが注目される。このような朱子の『大学』解釈は、陽明のそれとは異なっており、藤樹がまずよりどころとしたのは、『四書大全』にある朱子の解釈であった。藤樹は朱子の注釈を読み、朱子の考え方にひかれ、朱子学に傾倒していったのである。そして、朱子学による藤樹の学は、博識の学者になるためではなく、自他ともども人間としての完成をめざす実践を導く聖人の学、つまり聖学なのであった。

そこで次に藤樹が傾倒し導かれていった朱子学とは何か、その思想をみておこう。

### 朱子学とは

朱子学は、宋代の学者によって形成され発展し、朱子（一一三〇～一二〇〇）によって大成された新しい儒学で、その時代の名をとって宋学とも、大成者の名をとって朱子学とも呼ばれている。

朱子学は、孔子以来の儒学になかったスケールの大きな、整然たる体系をもった思想で、儒学は朱子学に至って世界に誇るに足る哲学をもつことになったのである。

朱子学の内容は六つの領域にわたっている。第一は、存在論で、この宇宙は理と気からなるという理気二元論である。第二は、人間学で、性即理が説かれ、朱子学の最も重要な部分である。第三は、実践倫理学で、居敬窮理が説かれている。第四は、古典注釈学で、わが藤樹のみならず、江戸時代の学者たちが大きな影響を受けた四書の注釈書は、その成果である。第五は、史学で、大義名分論、正統論が展開され、それはわが国の明治維新の原動力のひとつとして働いた。第六は、時事に関する具体的な政策論である。

藤樹の関心は、第二の人間学と第三の実践倫理学の領域に集中している。そこで、この二つの領域を中心に、必要な範囲内で存在論も取り上げて、朱子の思想を紹介しよう。

まず存在論をみるに、朱子は、世界のなりたちを理と気で次のように説明する。すべて存在するものは気によってつくられる。気とはガス状の物質で、常に動いており、動きが激しい動の状態を陽といい、動きが小さい静の状態を陰という。この気の陽と陰が凝集して木火土金水の五行《ごぎょう》が生じ、この五行がさまざまに組み合わされて、ここに人間を頂点とする万物が生まれるのである。

朱　子

このようにして気によって生ずる万物は、ただ単にあるのではなく、あるべきようにあるのである。万物をあるべきようにあらしめているのが理である。理は、宇宙・万物の存在根拠であり、宇宙をあるべきようにあらしめている原理である。この理を大極といい、これを朱子は無極と呼んでいる。この理である無極が個々の事物に働いて、人を人たらしめ、木を木たらしめ、石を石たらしめているのである。個々の事物をそれぞれに存在させているのが理である。そして、この個物のうちにある理をとくに性と呼ぶこともある。このように、朱子は、理と気によって、この宇宙・世界と、そのうちにあるあらゆる個々の事物を説明したのである。

次に、この宇宙を構成する理気によって、人間も説明される。人間のうちに宿って、人間を人間たらしめている理が性であり、生まれつきもった「本然《ほんねん》の性」である。この人間のうちなる理すなわち「本然の性」は、人間の行動にあらわれては、仁義礼知信の五常となり、かく人間の行動を照らし導く点では明徳である。人間はこの本然の性、すなわち明徳を例外なく宿している。この点で、人は皆等しく善であり、それゆえに、朱子は、人は皆聖人になることができると説いている。

ところで、人間は気を賦与《ふよ》されており、肉体をもっている。このために、「気質の性」を生じ、「本然の性」がおおいかくされてしまうのである。こうして、人間は聖人や善人から遠ざかってし

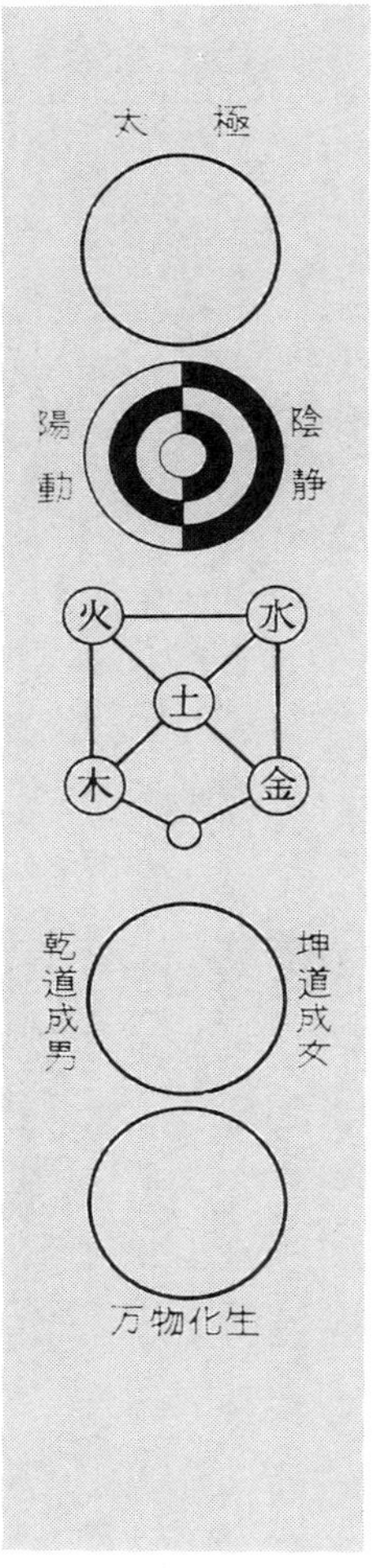

大極図

まうのである。

また、朱子は人の心は性と情からなると述べ、性が発動して情があらわれると考えた。この情は、あわれみ、恥じ、へりくだり、けじめをつけるなどである。孟子が説いているように、あわれみの情は仁の芽ばえであり、恥じる情は義の芽ばえであるというように、情自体は決して悪いものではない。しかし、情は動であるために、とかく中正適切さを失って、悪に流れる傾向がある。愛情がともすれば盲目的な偏狭な愛となって自他を傷つける例からも、このことは明らかである。情が動いて適切さを失った時、それが「人欲」と呼ばれ、悪を生ずるのである。こうして、聖人たるべき人間が現実に善人と悪人に分かれるのは、性が気質と人欲におおわれるからである。

人間にあっては、人間のうちなる天理、すなわち本然の性と、気質・人欲が激しく対立しているのが現実である。この現実を直視して、人間がいかにして、気質の性から本然の性を回復し、人欲を抑えて天理に則り、明徳を明らかにするかが、朱子学の実践的な倫理的課題となる。朱子はこの課題にどう答えているのだろうか。

朱子はこの課題を解決するのが学問であり、それゆえに学問は聖人となるための学問であるとしたのである。この学問は、主観的方法としては居敬であり、客観的な方法としては窮理によって行われる。居敬とは、心をあれやこれやのことに散らし奪われることなく、常に集中し、感情の激動を抑えて、本然の性を守ることである。窮理とは、『大学』の格物致知である。この世界のあらゆる事物はすべて理を有しているのであるから、ひとつひとつの事物について、その事物の理を探求し把握する努力を積み重ねることによって、心を明らかにし、人間を導く究極的な知識に到達することができるというのである。そして、この格物致知のための最もよい手段は、儒教の経典を読み研究することである。それらはすでに聖人によって正しく把握された事物の理が書かれているからである。

しかし、朱子は、外界の事物の理の認識が心のあり方と深く結びついているとして、格物・致知を説くとともに、誠意（意を誠にすること）・正心（心を正しくすること）をあわせ説いている。しかもこの心のあり方は進んで修身・斉家・治国・平天下と、同心円的に広がる外界における実践倫理や政治へとつらなるのである。以上述べた格物・致知・誠意・正心・修身・斉家・治国・平天下は、『大学』の八条目に由来するもので、これは結局は明徳を明らかにする・民を新たにする・至善に止まるの三綱領に帰着するのである。すなわち朱子学の教えは、為政者を対象とし、為政者が自己の本性である明徳を明らかにして、社会を革新するためには、人としてなすべきことをなさねばならないと説くものであり、この基本的な三綱領を実現する具体的な手続きが、八条目なのである。

朱子学は、人間としての完成を基本にすえ、政治の理想の実現を目標としている。そしてそのための教えとして、居敬と窮理を両輪とする学問を進め、学問の完成の指標として三綱領を示すとともに、その実現のための日常生活の規準として八条目を説いているのである。

このような朱子学の教えは、人間としての完成を求め、武士としての道を模索する藤樹にとっては、まさにその求めてやまなかったところのものであった。藤樹は、すいこまれるように朱子学に没入し、その教えをそのまま忠実に実践し、人間として、武士として、それの完成を志したのである。

## 孔子殿来り給う

朱子学に人間の道と士道・儒道の三位一体を発見した藤樹は、学問上の同志を得たことに力を得て、朱子学の教えを忠実に実行することにした。それは極めて徹底しており、武断的な大洲の気風を無視し、同僚に違和感を感じさせる体《てい》のものであった。藤樹が二二歳の春、同僚との間のちょっとしたいさかいは、そのことを示す事件である。

藤樹がたまたま児玉氏の宅を訪れた時のことである。先客の荒木という武士が藤樹をみて、「孔子様がいらっしゃった」とひやかした。これを聞いた藤樹は「そんなことをいう奴は、酔っぱらいかめくらだ。自分が学問をするので孔子などといってひやかしたのだろうが、

〔三綱領〕　　〔八条目〕

止至善
新民
明明徳 ← 平天下 ← 治国 ← 斉家 ← 修身 ← 正心 ← 誠意 ← 致知 ← 格物

〔目的〕 ← 〔手段〕

三綱領・八条目表解

学問をするのは武士の道である。お前のような学問を理解できない奴は、いやしい下男下女と同じである。」と激しく迫った。予期しないあまりの気色に荒木は驚いて、「冗談だよ。勘弁してくれ」とあやまったので、その場限りでことは終わったという。

荒木なる人物が悪いに相違ないが、藤樹の人柄にもカドがあり、また余裕のなさが感じられる。ともあれ、青年の未熟さと気負いのなせるわざといえよう。

しかし、この逸話には見逃せない二つの大事なことが含まれている。まず、この逸話から、事柄の根本にかかわることは見過ごすことができないという厳しい藤樹の気質がうかがえる。この気質は、著述や弟子に対する態度などにもあらわれ、藤樹の生涯かわらなかったところである。とくに具体的には、学問に対する藤樹の厳しい姿勢が、この逸話から読みとれよう。そしてこの姿勢は間もなく林羅山の学問に対する批判となってあらわれるのである。

次に、朱子学の教えを忠実に守る藤樹の格法主義・厳粛主義は、現実との間の緊張をさらに厳しいものにし、藤樹を苦しめていることである。後に脱藩帰郷した藤樹が、大洲時代を回顧して、就寝中ちょっとした人声にも、ひそかな足音にも目がさめて、ぐっすり寝ることがなかったと述懐している。これほどに藤樹の心は厳しい緊張状態に常にあったのである。しかし、藤樹は、この緊張と闘いながら、一歩も退くことなく、ひたすら理想をめざして進んだのである。

このような藤樹の姿に、ある人は藤樹の前に出てはうそ偽りは口にし得ない厳しさを感じ、また他の人はつき合いにくさを感じて敬遠する態度をとった。しかし、学問が進み、行為が道にかなうにつれ、大洲藩における藤樹に対する信頼も次第に高まっていったことも確かである。

この事件のあった年に、藤樹は小川村に帰り母を見舞っている。久々のことであり、母は五二歳、妹と一緒のさびしい生活であり、その妹も適齢にあって、母ひとりになることもそう遠くはない状態であった。武士の道を励む藤樹は、できることなら母を大洲に迎えることを考慮したことであろう。そしてこの帰郷の際に、僻遠の地大洲ではなかなか入手しがたい書物、『性理大全』『孝経大全』などを購入し、その後の学問の推進に役立てたようである。

## 林羅山批判

学問の同志ができはじめたものの、藤樹は、周囲との間に生じた違和感が強まり、人間的完成をめざす藤樹にとって、苦渋に満ちた状況が深まり広がってゆくのを感じないわけにはいかなかった。こうした状況の中で、自己の理想にいよいよ遠ざかる現実に対する憤懣《ふんまん》やるかたない気持ちがよくあらわれているのが、羅山批判の文章である。ひとつは二三歳の作「安《あん》昌《しょう》玄同《げんどう》を弑《しい》するの論」であり、他は二四歳の時の「林氏剃髪《ていはつ》受位の弁」である。まず前者よりみてみよう。

時はさかのぼって寛永五年六月一四日祇園の祭りの夜、家人が出払ったあと、ひとり仮寝をしていた儒者菅玄同が、門弟の安田安昌に刺殺されるという事件が起こった。ことの起こりは、師玄同に侮蔑された安昌の怨みであった。羅山は玄同を惜しみ、門弟に殺された不名誉をかくそうと配慮し、強盗に襲われて死んだと墓碑銘に書いたが、この事件について、羅山の長男左門が「安昌玄同を弑するの論」を書き、安昌の罪を非難し、玄同を真の儒者であると称揚し惜しんだのである。左門は幼時より学問に優れた才能を示し、父羅山の希望でもあり誇りでもあった。この事件のあった年の九月、羅山は左門を京都より呼びよせ、手もとにおいて大成を期そうとしたが、翌年一七歳で惜しくも病没した。この左門一六歳の時に、父の下でこの事件について試作したのが、この論文である。

林羅山

藤樹は、京都の友人よりこの左門の論文を送られて、直ちにこれに反論を試みたのが、同名の文章である。藤樹は、左門が安昌の罪を論じているのはよいが、玄同を真の儒者とほめているのは間違いであり、左門の無知を示すものだと鋭く批判したのである。

藤樹のこの論文によれば、真の儒者とは、気質と人欲を抑え、明徳を明らかにして本然の性に立ちかえり、世間にいれられる時には人々を善導し、天下を平和に維持し、いれられない場合でも、道を行ってわが身を全うする者をいうのである。ところが、わが国の儒者と称するものは、ただ聖人の書をあれやこれやと広くあさり読んで知っているだけであり、実行を心がけないために、かえって世間の人々を惑わし誤らせている。この点では儒者は仏教徒よりもひどい。玄同などはその最もひどい例である。玄同は博学を人にひけらかして自慢することしか考えず、人間としての完成などはつゆも思わない人面獣心の俗人である。だから弟子の安昌を犬や豚に対するような扱いをして、安昌の怒りをさそい、怨みを起こさせて、自ら死を招いたのである。玄同は安昌に殺されなくとも、いずれ不慮の死をまぬがれない人である。こう論じて藤樹は、玄同の実体を暴露し、玄同を称揚する左門の無知を徹底的に論難したのである。

この藤樹はさらに寛永八年二四歳の時、「林氏剃髪受位の弁」を書いている。林氏とは林羅山のことである。林羅山は、わが国の朱子学の出発点となった儒者で、藤原惺窩に師事し、その推薦で徳川家康に謁《えつ》し、以後四代の将軍に仕えた人物である。この羅山が慶長一二年家康に出仕を命ぜられ、剃髪して道春と僧名を名のるよう指示された。それは、室町幕府以来僧侶の文筆の才を利用する伝統はあったが、儒者を就任させる先例はないので、家康が伝統に従って羅山を僧侶の資格で登庸しようとしたことによるのである。

羅山は一五歳の時剃髪を拒んで建仁寺をとび出して以来、激しい排仏論を展開し、近くは長男左門の葬式を仏式をとらず儒礼で取り行ったりしている。その羅山は、剃髪を拒めば立身出世の好機を逃すと考えて、儒者は剃髪すべきでないと知りながらも、官命を身勝手に辞退することはできないとして僧形となったのである。後さらに、寛永六年の春、将軍家光より民部卿法印に、弟永嘉もまた刑部卿法印に叙せられている。法印とは最高の僧位である。それは、羅山の多年の労に対する家光のねぎらいであった。しかし、朱子学者であり排仏論者である羅山が、それを受けることはおかしなことであった。当然世間の非難が予想された。そこで羅山は翌年正月に、詩ならびに序を作ってこれを弁解したのである。

その中で羅山は、剃髪したのはわが国の風俗習慣に従ったまでで、それは儒学の起こった中国の昔に太伯が断髪し、孔子が郷服を着て参上して拝謁したのと同じ行為であり、また法印とは心印という意味であるとこじつけを行っている。そのうえでさらに、この最高位は自分たち兄弟が望んで得たものではなく、上より賜ったものであって、天命であるといい切り、その点で法印の位を授けられたことに対して、これ以上の栄誉と幸福はないとその感激を述べている。

この羅山の弁解に対して、藤樹は徹底的にその考えの誤りを指摘し批判攻撃している。藤樹によれば、羅山は生まれつきの才人で、広く書物を読みあさり、それを覚えていて口にするだけである。羅山はよく人の口まねをする鸚鵡《おうむ》とかわりがない。それればかりではない。今日あやしげな教えがはびこり、正しい教えが見失われているのをよいことにして、博学を利用し、自分こそ真の儒者だと人々をたぶらかしている。羅山のような人間は正しい道をふさぐ雑草であり、聖人に至る門をふさぐ障害物である。その害たるや仏教徒などの異教徒よりひどい。藤樹は冒頭でこのように激しい非難を羅山にあびせている。

ついで、剃髪を国俗に従った行為であって、太伯や孔子の行為と軌を一にすると弁明する羅山の誤りを暴露して論難する。わが国では男子は月代《さかやき》をそるが、剃髪はしない。剃髪は僧侶だけの風俗である。また周の太伯が断髪したのは、父の意向をくんで王位を弟の季歴に譲るために呉に行き、恭順の意を示すためにその地の風俗に従って断髪し文身《いれずみ》したのである。その行為は臨機応変の「権《けん》」の行為であり、父子兄弟の間の変事に処して「中《ちゆう》」にあたる適切な行為であった。孔子が、麻の冠をつけるのが礼ではあるが、倹約を尊んでこの頃は絹糸にしているのに同調したのは、土地柄を考えた適切な行為であった。このような太伯や孔子の行為と、羅山の行為を同一視することはできない。羅山の行為は、自分の名誉と立身出世を求める私欲から出た行為であり、羅山のいい分は実にいい加減なこじつけである。このように藤樹の羅山批判は痛烈を極め仮借するところがない。

**憤懣やるかたなし**

先の二つの文章において、思想面で大切なことは、学問の意義と、「権」と「中」の思想にふれている点である。前者についてはすでにふれたが、後者については後にあらためて述べることにしたい。ここでは、これらの文章を書いた当時の藤樹その人に注目しよう。

藤樹は壮年で没しながら近江聖人とまでいわれたほどの人物であり、またこの頃すでに彼の許に教えを受けようと、人も集まりはじめていたのであるが、先の二つの文章の調子の激しさと内容の厳しさとは、そうした藤樹の像にふさわしくないものである。藤樹自身さえも後に激し過ぎる調子や行き過ぎたことばを反省しているほどである。いくつかの例をあげてみよう。たとえば、玄同や安昌を人面獣心の俗人といい、羅山はよく口まねする鸚鵡と呼び、さらにはこそどろ呼ばわりし、おいしげる雑草、聖門の障害物などと、およそ聖人をめざして自己の人間的完成に努める者の口にしがたい誹謗のことばが使われている。そして、文章の調子も、玄同・安昌・羅山のごとき儒者が横行して異端よりもひどい害毒を世に流していると、憤懣やるかたなしといった激した調子となっている。また、わが国では聖人が出ておらず、異端の教えが次々に起こり、日々にさかんとなり、あやしげな間違った説が横行している。そのために、民衆は誤りを犯して気づかず、社会はひどく混乱している。このようにわが国の現状を痛くいきどおっている。

そこには、世間に横行する儒学が口耳の偽学問であると反発し、それに対して明徳新民の実学こそ真の学問であるということ、そしてこの実学においては、個人の人間的完成と社会的実践とが一体であり、またそうでなくてはならないということが、藤樹のうちに信念としていよいよ固くなり、積極的な主張となっているのをみることができる。それゆえにまた、自分こそはその理想の実現に努めなくてはならないという覚悟が、いっそうさし迫ったものとして、藤樹を内からつき動かしていたことであろう。そうであれば、藤樹のこの精神状態と大洲藩士中江藤樹を取りまく四囲の現実との間の開きは、いよいよ大きくなって、藤樹はその苦渋をいっそう深めたことであろう。そして、その結果藤樹は、武士として理想の実現をはかることに絶望を感じないわけにはいかなかったであろう。

大洲　藤樹邸

それならいっそのこと、武士の身分を捨てることによって解決をはかってみたらどうだろうか。ところで、藤樹の明徳新民の実学は、明徳を明らかにする個人の修養と、新民という社会改革を進める為政者のあり方とは一体であると主張している。この主張からすれば、自ら進んで為政者としての武士の立場を捨てて、個人の修養と完成をめざすことは不可能であり、許されることではない。

当時の藤樹は、まさに進退きわまるという状態に落ちこんでいったのである。だが、この苦境も、わが身の未熟さがもとなのであるから、じっと耐えて学問を続けわが身を修めることに専念するほかに道はない。そう考え反省した時に、藤樹にひとつの気がかりなことがあった。それは、儒学が五倫を説く中で最も重視している孝の問題である。藤樹の母はひとりさびしく年老いた身を小川村においている。これまでも気にしながらも、そのままになっていた。早速母を呼び寄せなくてはならない。思い立った藤樹は、二五歳の春のある日、小川村へ向け母の許に出発したのである。しかし、それは、藤樹にとって命がけの脱藩への道の第一歩を踏み出すことであった。

# II　学問と生活の一致をめざして

# 脱藩帰郷

## 母の拒絶にあう

寛永九年藤樹二五歳の春、孝養をつくそうと、母を大洲へ迎えるためにはるばると郷里を訪ねた。母は、夫と死別してから七年、この時五五歳であった。藤樹は年とった母の様子をみて、大洲の自分の許に来られるよう、そうすれば母も不自由なく自分も安心だからと説得しようとした。しかし、母は藤樹の申し出を断った。母は、多年住みなれた土地、夫とともに過ごした土地、そして知り合いの多いこの土地を、この年になって離れ、遠い未知の大洲へ行く気は全くないと語った。この母のことばに藤樹は仕方なく、ひとり大洲へ帰ったのである。

母の拒絶にあった藤樹は、儒教の最も基本的な人間の道である孝を全うするためには、自分が母の許へ行く以外に方法はないことがはっきりわかった。そしてこの時藤樹のうちに一大転換が起こり、重大な決意が芽ばえはじめるのである。それは、武士の身分を離れるということである。

帰途についた藤樹は船中で思いがけない喘息の発作にみまわれた。それは予想もしなかったほどの重いものであった。その後この喘息は藤樹の持病となり、藤樹をしばしば苦しめ、ついにこのために藤樹は世を去ることになるのである。

帰藩した藤樹は、早速新谷《にいや》藩家老佃《つくだ》小左衛門に口頭で、「年をとった母を故郷にひとり残しております。当地に迎えたいと思いましたがどうしても承知してくれません。お暇をいただき母の許に行けるようお取り次ぎ下さるようお願いします。」と申し出た。家老の返事は、「承知した。藩主様によく申し上げよう。」ということであった。しかし、その返事とはうらはらに年を越しても許可の出る気配はなかった。

それには種々の事情があった。取り次ぎを頼まれた家老は、藤樹の優れた才能を惜しみ、また他藩に仕えて今以上の禄を得ようとしているのではないかと疑って、その申し出を取り次がなかったらしい。藤樹にとっては心外な疑いをかけられたわけだが、当時においてはそのような行動をとる者が多く、一般的な風潮となっていたのであるから、才能ある藤樹に対して、一応そのように疑ったことも当然のことであった。さらに大洲藩では、多年懸案であった藩主の弟の直泰の新谷藩分封のことがようやく落着し、藤樹は百石で新谷藩に分属することに決定したという事情も悪条件として作用したことであろう。新谷藩をおこすにあたって、藩士の分属については人選はかなり困難であった。五万石の本家から一万石の分家へ行くのであるから、進んで希望する者はない。本家家老の大橋氏の親戚筋の佃小左衛門を取り立てて家老としたものの、以下の人選は籤《くじ》できめようとしても、引くものがなかったという有様であった。それだけに新谷藩分属にまわった藤樹がお暇をいただきたいという申し出は、素直に聞かれない状態であった。こうして、何の沙汰もないままいたずらに年を越すことになった。

焦燥のうちに元旦を迎えた藤樹は、年のはじめの神事を終わって、ひとり部屋の中にすわって郷里に思いをはせた。藤樹は、郷里を離れてすでに一八年にもなるのに驚き、ふと臯魚《こうぎょ》のことを思い出し、その伝記を読み直した。それは次のような話である。孔子の行く先にひどく人の泣く声がする。車を急がせて行ってみると、それは臯魚という男であった。わけを聞いてみると、諸侯に仕えて学問している間に親がなくなってしまったというのである。ひとたび死に別れてしまえば二度とあうことができないものは親である。私は跡を追って行こうといって、臯魚は枯れ木の倒れるように死んでいった。孔子は感動して、門人たちに向かい、お前たちもこの悔いを残さないようにせよというと、即座に三〇人もの門人が帰郷したという。この話を読んで藤樹はこれまで母の許を離れていたことが誤りであったことをはっきり悟り、自分の思いを詩に作って次のように述べている。

羇《き》旅《りょ》春に逢うて遠く哀しむに耐えたり
緡《みん》蛮《ばん》たる黄鳥この梅に止まる
樹静かならんと欲して風止まず
来者追うべし、帰りなんいざ

故郷を離れ、旅先で春を迎えたが、遠く母のいる故郷を思って心はさびしい。

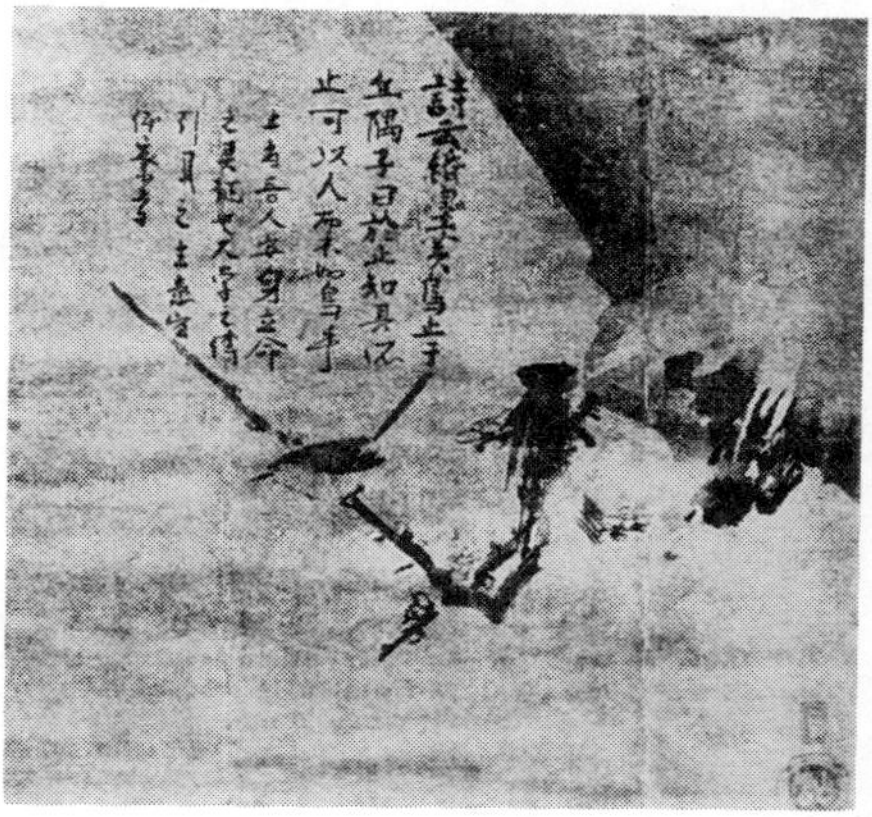
黄鳥画賛

うつくしい声でなくうぐいすは梅の木を求めてその枝にとまる。（そのうぐいすにくらべて、自分はそのおるべきところにいないのは遺憾なことだ。）

樹が静まろうとしても風はやんでくれない。（子が孝養をつくそうとする時、すでに親はいない。）

過去はどうしようもないが、未来は自分の覚悟次第である。さあ、母のいる郷里に帰ろう。

心はせくが、家老佃小左衛門からは一向に返事のくる様子はない。六月二七日付の妹のむこの小島七郎右衛門宛の手紙は次のような趣旨のものである。

「母の見舞いのため飛脚を頼みましたので、ついでにお便りします。久しく御無沙汰しましたが皆さんおかわりありませんか。私は無事に暮らしていますから御安心下さい。母の存命中に郷里へ帰りたいとお暇を願い出ましたが、御家老が納得して下さらないため、当地にひき続きおります。来年にはらちがあき帰郷できるでしょうから、その節は宜しくお願い致します。母はひとり住まいですので、何かと御厄介になることと思います。どうぞ宜しく母をお頼みします。」

この手紙にもあるように、藤樹の願いはどうも家老のところでとまっていたらしい。しかし藤樹は来年には何とかなるだろうという期待をいだいて、その時をひたすら待ったのである。

## 辞任願いの提出

期待の年を迎えたが事態は好転しないばかりか、家老は、二番家老平田助右衛門と加藤伝左衛門に、藤樹を思いとどまらせるよう説得させる有様であった。幸いにもこの二人は、藤樹からじかにその衷情を聞いて感動し、家老に藤樹の願いを聞き届けてやるようすすめたらしい。そこで家老は書面をもって願い出れば藩主に取り次ごうと連絡してきた。藤樹は早速その衷情を吐露した書状を書き、三月七日の日付で差し出した。それは次のようなものである。

このたび私にお暇を賜るよう、藩主様に言上いただきたいとお願い致しましたところ、加藤伝左衛門・平田助右衛門のお二人が心を合わせて、思いとどまるよう種々御意見下され、有難うございました。すでに申し上げましたように、ひとつには、御存知の通り私は二、三年前から喘息を患うようになり、次第に人並みの勤務をすることがむずかしくなり、こまりはてております。またひとつには、故郷の母が一〇年来ひとり暮らしをしております。私のほかに別に母の面倒をみる子もありませんし、また何かと頼りがいのある親戚もおりません。そのために四、五年前から母は日々の身の廻りのことさえ差し支える状態にあります。それで、当地へつれてこようと思い、一昨年お暇をいただいて迎えに行きましたところ、もはや年老いて病気勝ちでもあり、村のうちさえ、思うように歩くこともできない有様でした。そのうえ女のこととて、住みなれた故郷を離れて遠国へ行くことは、たとえ餓死することがあろうともいやだと申しますので、どうしようもなくそのまま帰ってきました。私は、養い親を含めて四人の親がありましたが、三人にははや死に別れ、母ひとりだけになりました。母ひとり子ひとりでございます。そのうえ母の寿命もあと八、九年がせいぜいという有様です。ぜひ御暇をいただいて故郷に帰り、母の生きている間はどんなにしてでも母を養い、なくなりましたならば、御家老の御配慮で召し帰されますときは御奉公する覚悟です。それ以外に別に考えは全くありません。私のことについては左様にはお考えにならないと思いますが、万一右に申し上げたことが当座の偽りで、本当は少しでも禄高を増やそうなどと考えてのことでもあれば、その時は、たちどころに天罰を蒙り、母に再びあうこともできなくなりましょう。このように母のことを深く心配してお願いするものであることをよくお汲みいただき、不便《ふびん》に思し召されたならば、私の意がよく伝わるようお話しいただいて、下心があってうそ偽りをいっているのではないかなどと、誤解の生じませんように言上していただき、お暇のいただけるようただただお頼み致します。

致仕《ちし》の理由として、藤樹は自身の病気と老母の生活上の困難をあげている。さらに、注目される

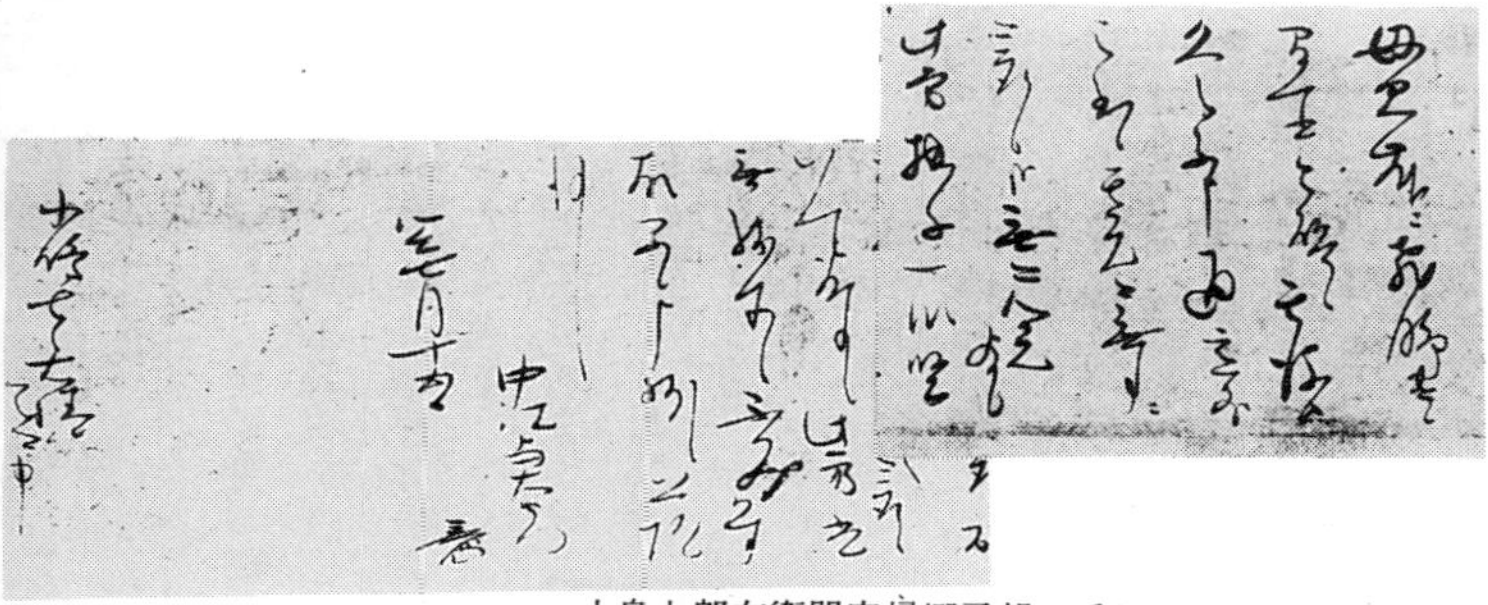

小島七郎右衛門宛帰郷予報の手紙

のは、母がなくなった後許されるならば再び奉公する覚悟だと述べている点である。すでにふれた明徳新民の実学に立つ藤樹としては、武士を全く捨ててしまうことは考えられなかったのであり、その点でもこのことばは藤樹の本心でもあったと考えてよかろう。

藤樹は家老佃氏にこの文書を提出すると同時に、その写しを三月九日の日付で、中村長衛門、吉田新兵衛、中川善兵衛の三人に送り、よろしく御斡旋《あっせん》されるようにと依頼している。また二番家老の加藤伝左衛門にも同様斡旋を頼んでいる。一日でも早く許可の出るよう、その懸命な奔走と期待の様子がよくわかる。

そして、閏七月十五日付で藤樹は妹のむこの小島七郎右衛門宛に手紙を書いている。それには、秋には必ず帰郷できるだろうからと述べている。しかし、その秋になっても一向にらちはあかなかった。

### 脱藩決行

母の許から帰って早速致仕《ちし》を願い出てから何の沙汰もないいまま歳月のみ流れていった。その間藤樹は何とか許可が出るよう藩の重役に斡旋を依頼するなど手をつくしたのであるが、一向にらちがあかず、二年半の歳月がたとうとしていた。期待と不安が交錯しながら、焦燥の高まりに藤樹は耐えかねるようになってきた。藤樹は今やここでどう行動することが道を行うことになるのかを考え決断しないではいられなくなった。主君の許可がないまま母の許へ帰るべきか、あくまでも許可を待つべきか。前者を選び脱藩すればかえって災いを招き、母を悲しませることになりはしないか、後者を選んで許可の出る前にもし母がなくなったら。さらには、いずれをとるにしてもそこに私欲・私心がないかどうか。いずれをとるにしてもそれが他にまさって道に適中しているかどうか。藤樹は心中の迷いと激しい葛藤にねむれぬ幾夜かを過ごしたであろう。そしてついに決断は下された。たとえ藩主の許可がなく脱藩という仕儀になろうとも、母の膝下にとどまらねばならない。命がけの脱藩ではあるが、わが至誠が通じて道が開けるかもしれない。内村鑑三は『代表的日本人』の「中江藤樹―村落教師―」の中で、「彼にとりては、ただ一人の女性、彼の母は、全世界にまさりて重くあった」と書いている。

藤樹は一旦決意するや、この年の禄米をことごとく倉に積み、友人との貸借を整理し、十月一日許可なくしてひそかに大洲をたった。同道する者は祖父の時から使っていた若党ただひとりであった。この若党は藤樹が無事帰郷したところで、手もとの銀三百銭のうちから、二百銭を固辞するのを押し切って与え、商売でもして暮らせと大洲に帰している。

大洲を出て、瀬戸内海をわたり、浪速《なにわ》から京都へ入った藤樹は、しばらく京都の友人の家にとどまり、藩命の到着するのを待った。大洲藩の習わしとして、無断脱藩した者に対しては、直ちに追手をさしむけ、追い討ちか捕えて切腹を命ずるかのいずれかであった。藤樹は謹慎して藩命の至るのを待った。しかし何のおとがめもなく、ついに藩命はこなかった。慎重に日時をとって確かめたうえで、京都を出発し、その年も押し迫って、ようやく小川村の母の許に帰り着いたのである。

故郷に帰って間もなく迎えた正月元旦に、藤樹は詩を作って感懐を述べている。

他国で武士として仕え長い年月がたった。ようやく故郷に帰って寛永一二年乙亥の正月に、人人にあい、相集まってだんらんして楽しく時を過ごした。そして旅にあった一九年の非を今にしてはっきりと悟った。そこで一篇の詩を作って今の気持ちを述べてみよう。

郷党元旦九族に会す
和気油然として相親睦す
昔日知るといえども真知にあらず
舟は水にやるべく車はすなわち陸

元旦に一族が相集まり、母をかこんで和気あいあいとしたなごやかな雰囲気の中にひたっていると、これまで学問して得たさまざまな知識は、決して本当の知ではないことが、藤樹にはっきりとわかってくるのであった。藤樹の実学は、その人がおるべきところにあってこそはじめて実を結び、人生に対する充実感と精神的安定をもたらすのであった。

## 人生最大のかけ

結果からみれば藤樹の脱藩帰郷は成功であった。しかし、それは極めて危険な冒険であり、大いなるかけであった。なぜ藤樹はそのような行動に出たのであろうか。そこにはさまざまな説がなされている。太平の世を迎え武士として立身出世の見込みがなくなったからという説、大洲藩における武断派と文事派、現実主義者と理想主義者の対立にまきこまれるのを避けるためという説、武士としての生活では自己の使命を達成することができないと考え、武家社会から脱出したという説、母への孝養を尽くそうとする至情に発した行為であるとする説などがある。

すでにみたように、聖人をめざし明徳新民の実学に親しむ藤樹が、一身の出世のために脱藩することはまず考えられない。しかし他の三つの説が説くところは互いに深く関連し合って、脱藩帰郷へと藤樹を走らせたのではないだろうか。

先にふれた二つの詩の中に羇旅《きりょ》ということばが使われている。そこで藤樹は、自分の武士としての生活を放浪の旅であったと述べている。つまり藤樹にとってはこれまでの武士生活は自己の落ち着くべきところを求めて空しくさまよった月日でしかなかったのである。武士生活はその出発点において、藤樹にとっては、聖人をめざして聖人の教えを学び、その実践に努めた日々であって、それは充実し張りつめた日々であったはずである。それがいつしか自分と周囲との間にすきを生じ、それが時とともに拡大してゆくのに、やがて藤樹は気づいたのである。それは、すでにみた荒木某のごとき藤樹の学問への志を理解できない人物とのいさかいにみられるような、周囲との違和感となってあらわれてもいる。そして、藤樹のうちには、武家社会が自分の理想をいれるべき場ではないのではないかという疑念が生じてきたのであろう。

当時大洲では、英明豪胆な藩主泰興《やすおき》が賢才を登用し、改革を断行していた。柔弱で役に立たない者はよくいい含めて暇をやり、一旦主旨にそむくものがあれば直ちに切腹を申しつけるという厳しさであったと伝えられている。この事実にして真であるならば、藤樹はこの改革の近い将来に期待を寄せてよいはずである。それにもかかわらず、藤樹の心のうちにむなしさが広がっていったのはなぜだろうか。それは、藩主の改革の意図が藤樹の考えるところと全く別であったからではないだろうか。徳川幕府が支配体制を最終的に固めようとして、全国の諸大名への統制を強めその力をそごうとして、機会を狙っていたのである。諸大名にとって極めて厳しく油断のならない時期にあって、藩主が改革を行うとすれば、それは新しい状勢に適応するための現実主義的な配慮から出るのが当然であろう。おそらく中江藤樹に対する藩の評価も、藤樹の志とは別に、その郡奉行としての実務的才能についてのものであったろう。ある夜壁ごしに家老の話を聞き、そのとるべきところのないのをいぶかった少年の日の逸話は、藩主を中心に重役たちをおおっている雰囲気と動向が何であったかをよく物語っている。このような藩のあり方に対して、藤樹は徳と才能と功との三つをかなめとする古来からのさぶらいをぎんみする掟を慕い、儒道即士道の立場をとっていた。両者は全く内容と方向を異にしている。したがって藩主を中心とする支配的な動向が、改革という形で強力に推進されても、藤樹はそれに何の期待ももち得ないはずである。それればかりか藤樹の努力は実を結ぶべもない空しい努力となるばかりであった。かくして、藤樹は、早くから心がけ懸命の修養努力を重ねてきた自分の武士としての生活に、空しさがしみとおってくるのをいかんともしがたかったのではないだろうか。そしてついには武士としての生活の将来に時として絶望を感ずるようにもなり、武士を捨てて自己の理想の実現をはかろうとする気持ちが動きもしたことであろう。しかし、個人と同時に為政者のあり方を一体のものとして説いている儒学を信奉する以上、藤樹は当時の為政者たる武士の身分を捨ててよいものだろうか。武士の身分を今ここで捨てることは、現実に対する理想の敗北であり、藤樹自身にとっても挫折敗北を意味するのではないだろうか。自己の未熟さに起因するとはいえ、藤樹はこの進退きわまった状態の中で、しかもなお心に広がる空しさに、ここにとどまり得ない苦渋を味わうのであった。

今や藤樹としては、問題の解決は道理や理論にではなく、主体的な実践のうちに求めなくてはならない。その主体的な実践を導くものが藤樹にはあった。それは「林氏剃髪受位の弁」にみえている「権」「中」の思想である。道は事態に適当した適切な仕方ではじめて正しく実現されるのであり、その「権」と「中」を得るのは行動する者の明徳による主体的な判断によってである。藤樹が自己の窮境を打開するすべはこれ以外にはない。藤樹はわが内を反省し、私心・私欲を取り除き、いかに行動すべきかを懸命にさぐったことであろう。藤樹に可能なあり方は、脱藩かとどまって時を待つかである。時を待つのは藩の動向からしてほとんど無意味である。脱藩し母への孝養を尽くすことは、藤樹にとってひとつの、しかも最も重大な欠落部分である孝の実践によって明徳を明らかにし至善に止まることへの大いなる前進であることははっきりしている。しかしここにも問題はある。為政者たることを放棄し、自分ひとりにとじこもってよいだろうか。しかし、窮すれば独りその身を善くすとも説かれている。今の藤樹はここにいるといってよかろう。また脱藩は重罪である。とがめを受け、死罪にでもなれば母への孝養どころか母を悲しませ不幸の極みとなる。そのような危険を冒してよいものだろうか。確かに危険は大きいが、私心・私欲なく、明徳によって、その行動が天地の理法にかなう時、その行動は全うされると儒教は教えている。過去の営為が自分をいかなる境位にまで進歩前進させたかを試したらよいではないか。学に志してからの一五年あまりの厳しい努力は決して無ではないはずである。自省心の強く謙虚な藤樹ではあったが、窮地にあってしかも進むほかない今、あえてこれまでの学問修養の成果を一気に試みる以外には道はなかったであろう。

藤樹の脱藩はこうして、明徳の実学の立場から自己のこれまでの営為の一切と明徳の実学の真理性とをかけた必死の行為として、決断し断行されたのである。大洲の文武の対立、理想と現実の対立も、武士社会への懐疑も、そして母への孝養も藤樹を動かしたことは確かであろうが、それらをつつみこんで、脱藩帰郷は藤樹がその人生と学問をかけた行為なのであった。

## 村の生活

無事帰郷して母へ孝養を尽くすことができるようになったことは、藤樹のこれまで積み重ねてきた学問と人生が、命がけで脱藩せざるを得ないような重大局面に十分耐え得るものであることを証拠だてたのである。藤樹は明徳新民の実学とそれによって形成し来った自己自身とに大いなる自信をもつことができ、また身内の人々との農村生活の気安さも手伝って、これまでに見いだせなかった落ち着きと安らぎとを得ることができたのであろう。大洲にいた時はほとんど熟睡することもなく、夜中ちょっとした人声や足音にも目をさましたのに、帰郷後はわずかのひまにも熟睡するようになった。

### 職業を選ばず

だが、禄を離れた藤樹は自分と母の生計を立てる工夫をしなくてはならない。小川村に帰り着いた時には、わずか銀百銭を残すのみであった。そこで藤樹はその銀で酒を仕入れ、農民に売って生計を立てることにした。また刀を銀一〇枚で売り、その金で米を買い農民に貸し、その利息を生活の足しにした。武士の生活から一気に、刀を売り、酒屋を開き、金融業をはじめたのである。士農工商の間に上下の身分の別があり、商を最もいやしんだ当時の事情と、聖人の学に励む藤樹を考えてみると、随分と思い切った、意外というほかない転身ぶりである。脱藩の成功が藤樹に武士生活へのこだわりをなくさせたことも、それを可能にした原因のひとつであろう。また酒を売り金融を営むことは、実際には他人の弱味を利用して私欲を満たす行為と区別しにくく、そのために人にも嫌われ軽蔑もされるのだが、しかし、酒や金融は農民生活にとって不可欠のものであり、それだけに生計を立てるのに役立つだけではなく、やりようによっては農民の窮境を救い、農民教化の手だてともすることができる点では、積極的な意義があると考えたこともあろう。さらに決定的なことは、藤樹の人間観、職業観に原因がある。

早くから藤樹は、人間の価値はその道徳的な完成にあるのであって、職業の別によるものではないという考えをもっていた。確かに武士は農工商にくらべて、道徳的完成をめざして努力する条件に恵まれている。その点では武士は他の三民にまさってすぐれた身分であり職業である。ことに商人ともなれば、もっぱら売買によって利益を得ようとするため、ともすれば欲望に動かされて、道にそむきやすい。こうして士農工商に上下貴賤の別があるのは何ともいたしかたのないことであり、人力の及ばないところである。しかし現実には武士にも腰抜けの役に立たない武士、武術ばかりで道理を解さない武士、禄の高下にこだわり抜け目のない武士などがおり、どうみてもこれらの武士は人間として屑であり、農工商に従事する庶民にも劣る者である。大切なのは、それぞれの職業を励み、生計を立て、人倫を維持して、そのところにおいて道徳的な完成に努めることである。

すでに藤樹は、母を大洲へ伴おうとして失敗した年の冬に、「友に寄せる」と題する詩で「産業は時に随って必ずしも撰《えら》ぶなかれ」と述べ、職業という形式にこだわるなといっている。また後に主著である『翁問答』で、職業はうわべであり外形であって、そこには貧富貴賤の差別があるが、これは人の力でどうすることもできないものである。大切なのはその職業にどのように従事するかという実践的な内容であり、人間として自己の完成をめざして励むことであると述べている。

このような職業観、人間観からすれば、刀を売ることも決して武士の魂を売ることにはならないし、酒を売り金融を営むことも決して意外なことではないのである。こうして商売による収入で乏しいながらも母との二人の生計を維持しながら、藤樹は学問に精励精進した。やがて大洲をはじめ各地から彼を慕う門人が集まり、藤樹自身も積極的な著述活動を開始し、新しい境地が開拓されはじめるのであった。

## 門人集まる

藤樹が大洲にあった時すでに学問の同志があり、その人物と識見をみて門人となる武士もあった。脱藩という非常手段をとったのであるから、何のとがめもなかったとはいえ、大洲の同志たちとの交渉はしばらくは遠慮されたことであろう。水いらずの一族とのだんらんをよろこびながらも、藤樹は友に向かって知己のないさびしさを嘆く詩を作っている。しかしやがてほとぼりもさめ、友との接触も復活し、藤樹に教えを受けようとする者もようやくあらわれ、次第にその数を増した。五年後の藤樹三二歳の春には、「藤樹規」を作って塾の欄間《らんま》に掲げ、「学舎座右銘」を作って門人に示すほどになっている。

さて門人として集ったのはどのような階層の人々であったろうか。それについて次のような記事が残っている。「藤樹先生が郷里に帰られてから、全国各地から志ある人たちが次第にその門を訪ねて学問を習うようになったが、その多くは武士の子弟で、刀を帯びて出入りし、農村のこととて農民はびっくりしてこれをながめ、役人などは人を派遣して様子をさぐらせた。」また名前のわかっている門人についてみると、大洲藩の武士たちはもちろん、近江出身者にしてもほとんどが苗字をもっており郷士の階層に属していたと思われる。これらのことから、藤樹の門に集まった人々は、そのほとんどが武士ないしそれに近い階層の人々であったと判断される。高島城の城下町大溝《おおみぞ》から四キロメートルほど離れた静かな農村で、平生武士の姿をみることも少なかったであろう。そこへ藤樹が帰ってくると間もなくかなりの数の武士が出入りするようになったのであるから、農民も何事ならんかと驚き、物めずらしくもあったであろうし、役人にすれば何か徒党ができて不穏なたくらみでも行われているのではないかと不安になるのも当然であろう。農村に帰ったにもかかわらず武士が多く

藤の樹

小　川　村

集まったのは、藤樹の学問が明徳新民の実学であって、とくに為政者たる武士にふさわしい学問である点で当然のことであろう。またそれは、武士の間にも新しい平和な時代を迎えて、新しい武士の理想をたずねる必要を感じ、また意欲の起こりつつあったことのしるしともいえよう。

では藤樹と農民たちとの関係はどうであっただろうか。酒を売り米を貸す商いを通じて、農民との接触も多かったであろう。藤樹はすでに大洲で郡奉行として、彼の前に出てはうそはいえないといわせるまでの影響力を農民の間に及ぼしていたのである。このことから考えても、帰国後も小川村の農民に深い影響を与えたであろうことも当然考えられる。藤樹は酒について、農民の必要品であり、適度にのめば、人間関係を円滑にし、健康をも増進する百薬の長であるといっている。また米を貸すことも、貧しい農民の窮境を救う手段ともなる。門人も増え、門人からの援助や報酬が増えれば、商売のもうけを考える必要が少なくなり余裕も出てこよう。藤樹は農民が酒を買いにくると、今日はどんな仕事をしたかを聞いて、その仕事の難易によって酒を売る量を考慮したという逸話が伝えられている。生活が安定し、ゆとりが出てくれば、商いを通じて農民に自然と影響を及ぼしていったことであろう。

さて、藤樹の門人のほとんどが武士であったことは何を意味するだろうか。藤樹自身は脱藩して武士を捨てたとはいえ、彼がその理想の実現の期待を託していたのは武士に対してであったということができよう。三三歳の時に書かれた『翁問答』において、士道に多くの部分をさき、くわしく論じていることからも、このことは明らかであろう。脱藩してまでの村の生活も、庶民となっての完全な隠遁の生活では決してなかったといえよう。藤樹の思いは決して武士から離れ得なかったのである。

## 藤樹の人間愛

人間は誰でもとりえをもっており、役に立たないだめな人間はいない。こういう人は多い。とくに人間尊重の精神が説かれる今日では、ほとんどの人がこのことを口にしている。だがこのことを身をもって行っている人はまれである。

藤樹は、人間に身分の上下による貧富貴賤の差があるが、しかし天理をうけている点で人間は平等であり、道を行う点で身分の上下は問題ではないと考えていた。藤樹はこの考えにもとづいて人に接し門人にも対していた。この点で藤樹はまれな例のひとりであった。このことに関して有名な話が伝わっている。

藤樹の数多い門人の中にひとりの大変かわった男がいた。大洲藩時代の同僚大野庄助の次男了佐である。了佐は生まれつき愚鈍低能を極めた。父は到底武士としてやっていけないと見切りをつけ、何か身に職をつけさせ、了佐がどうにかひとり立ちできるようにしてやりたいと考えた。この父の考えを知った了佐は、武士の家に生まれながら武士になれないことを恥ずかしく思い、せめて医者になりたいと考えた。了佐は藤樹を頼って医学の勉強をしようとした。かねてから了佐のことを知っていた藤樹ではあったが、了佐の覚悟を聞き、その決意に同情しその熱意に感心して、何とか医者にしてやろうと決心した。藤樹は早速『医方大成論』という中国の明代に書かれた小冊子の医学書を与えて読ませることにした。

しかし、低能な了佐にとって、これは大変なことであった。藤樹がまず短い二、三句を読んでやっては了佐に読ませることを何度も繰り返すのだが、なかなか頭に入らない。わずかの語句を読めるようにするために、同じ語句を繰り返し繰り返し教えて二〇〇回も繰り返すという有様で、午前一〇時からはじめて午後四時までかかって、ようやく覚えて読めるようになるというひどさであった。しかも、夕食後に復習にかかると、もうすっかり忘れて読めない。藤樹はまたまた繰り返し教え一〇〇回以上も繰り返してやっと覚えるという始末であった。一日がかりでごくわずかのことしか記憶できない了佐に、藤樹は精も根もつきはてるばかりであった。それだけに了佐は藤樹を心から慕い、藤樹が小川村に帰ると、またその後を追ってきて、教えを乞うたのである。この了佐の熱意にうごかされて、そこで、藤樹は自ら了佐のために筆をとって医学書を作り、『捷径医筌《しょうけいいいせん》』と名づけて与えるこ

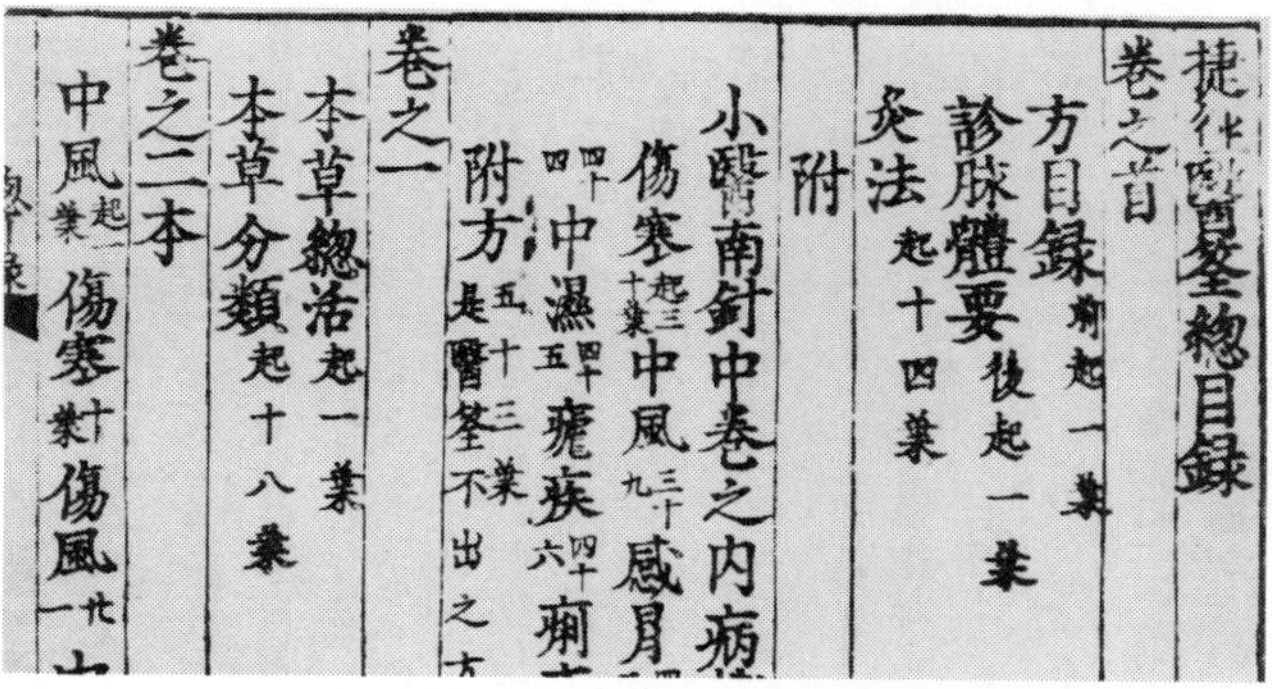
捷徑醫筌總目録
巻之首
方目録
診脉體要
灸法 起十四葉
附
巻之一
本草總括 起一葉
本草分類 起十八葉
巻之二本

『捷径医筌』

とにした。捷径《しょうけい》とは近道、医筌《いせん》とは医学の手引きの意味で、早わかり医学の手引きというわけである。藤樹は一部の原稿ができあがると了佐に与え、読んで説明してやって、内容を覚えさせ理解させるようにし、次の原稿を渡す時に質疑を行って覚えているか、わかっているか、不審なところはないかを確かめては進むということを繰り返した。こうして完成した『捷径医筌《しょうけいいせん》』は六巻からなる大部の医学教科書となり、内容も医学の各領域に及び、広く医書にあたり、中国出版の最新の医書も参考にされているということである。藤樹自身重症の喘息をもっていたので、医学に深い関心をいだいて研究もしていたのであろうが、当時増えつつあった門人の指導を行いながら、了佐ひとりのためにこのような大著を作って与え、それを身につくまで指導したということは、並大抵のことではない。藤樹自身もその頃のことを回想して、自分は了佐の教育のために努力工夫し、精魂が尽き果てるばかりであったといっている。他の門人たちは皆、藤樹が了佐に愛情をもち、精魂を傾けての指導に感嘆したものである。おかげで了佐は大洲に帰って医者となり、家をもち家族を養うこともできたのである。

藤樹は了佐を教育した心境について、次のように述べている。自分が了佐に教えてやろうとしても、彼に勉強する気がなかったらどうしようもなかったろう。彼は非常に愚鈍であったけれども、医術を身につけようとする熱意たるや、普通世間にみられないほどのものであった。だからこそ教えることもできたし、彼も医者になることができたのである。了佐のような低能の者でもこうなのであるから、ましてや了佐より優れている一般の人たちは、努力を惜しんではならない。

なお持病のある藤樹は医学に関心をもって自ら進んで学んだのであろう。三六歳の時には山田・森村二人の門人のために『小医南針』という医書を書いている。この医書は前年中国で書かれた『瘟疫論《おんえきろん》』の内容が引かれているという。翌三七歳の時にはさらに同じ門人のために医者の処法に関する『神方奇術』を書いている。

## 三十にして室あり

藤樹ひとりで、母の面倒をみ、門人を指導し、自らも学問に精励する日々の生活は、不便・不都合もまた多かったであろう。それは藤樹自身だけでなしに、母や門人にとっての不便・不都合でもあったはずである。それだけに藤樹は結婚をすすめられもしたであろう。だが藤樹は三〇歳まで結婚しようとはしなかった。それは、儒教に「三十にして室あり」の教えがあり、藤樹がこの教えにこだわったからである。このことばは『礼記《らいき》』内則に書かれており、儒学を学ぶ者が多くこれを結婚の規準としたのである。藤樹は、聖人の示した行動の規準を厳格に実行することを心がけてきており、自分の結婚の問題についても、これに従ったのである。

寛永一四年藤樹は三〇歳になり、儒教の法に則って結婚した。夫人は伊勢亀山藩の家臣高橋小平太の娘で、名を久子といい、時に年一七であった。仲人は門人の伊勢亀山藩士森本甚五兵衛正貴であった。

久子夫人は大変顔が醜かったということである。藤樹の母はこのことを大変気にして、離婚したらよかろうと何度も藤樹にすすめたらしい。しかし、母のいうことに従順な藤樹も、この母のことばには応じなかった。藤樹は母に、「まことに容貌は醜いけれども、すでに結婚した以上生涯を伴にしたいと思います。たとえ美貌であっても、おごる気持ちが起きて妻のつとめをおろそかにするようでは何にもなりません。醜いとはいえ、慎み深く、夫や親によく仕え、家を守り取りしきることができるならばこれ以上のことはありません。」といい、固く母のすすめをことわった。夫人は聡明であり、藤樹のためによくつくし、藤樹の気持ちを汲み、彼の考えに従って家事万端を取りしきった。藤樹は毎夜門人たちと一緒に講読をやって夜中を過ぎることが多く、時には夜明け方に及ぶこともあったが、一〇年間一夜といえども藤樹より先に就寝することはなかったということである。

夫人は二児の母となったが、正保三年正月二五日次男鍋之助が生まれたその年の四月三〇日伊勢亀山の実家でなくなった。時に年二六歳であった。

その翌年藤樹四〇歳の時、大溝藩侯の世話で、同藩士別所弥次兵衛の娘布理《ふり》を後妻に迎えた。布理はなかなかの美人で文才もあったと伝えられている。翌年七月四日三男弥三郎が生まれている。

# 朱子学への懐疑

**四書から五経へ**　帰郷後の村での藤樹の生活ぶりをみてきたが、表面的にはおだやかで順調な日常生活のうちで、藤樹は学問にひたすら精進し、人間完成の道を模索して辛苦していたのである。藤樹は、命がけの、結果を天にまかせての脱藩に成功したことによって、これまでの学問と修養の成果に自信をもつことができたであろう。しかし、これまで苦しんできた理想と現実の対立がそれによって解決されたわけではない。脱藩して自由の身となった今、藤樹はこの未解決の問題の解決に専心しなくてはならない。藤樹はこれまでの成果をふまえてさらに、学問に精進し、苦辛の一歩一歩を文字にして前進をはかったのである。帰郷後三〇歳前後にはじまる活発な著述活動はその軌跡である。

藤樹のこれまでの学問は『四書大全』を中心とした朱子学であった。そして藤樹は、四書に示されている聖人の教えを行動の原則として厳格に順守する格法主義をとっていた。それは後に藤樹がしばしば規則や規範になずむと反省しているほどに徹底したものであった。

さて、藤樹は帰郷した翌年二八歳の時から、易の研究に没頭した。それは、朱子学の理解を理論

藤樹使用の易の道具

的に深めようとしてのことであり、また実践的には、自由な境涯にあって、天理に則って行動するためのよりどころとするためであったろう。筮儀《ぜいぎ》、つまり筮竹《ぜいちく》を用い卦を立てて占う方法を非常に熱心に研究したことは、それを物語るものである。

易を学ぶにあたって、藤樹は、易の理論は独学でも努力すればわかるようになるだろうが、占いは直接手ほどきを受けなくてはわからないと考えた。そこで京都に行き、易の先生をさがして、ひとりの先生をみつけた。その先生は「教え終わった時相当の謝礼を出すなら教えよう」ということであった。その謝礼の額は到底藤樹の家計でまかなえるものでなかったので断るほかなかった。そして別の先生をみつけたが、「講義が終わるまで一日も欠席しないというなら教えよう」といわれた。藤樹がその理由を聞くと、「以前教えた者が途中で逃げ出し、自分を非難するということがあった。これにこりたからだ」とのことであった。藤樹は「先生を決して非難しないということは約束できるが、一日も休まないということは約束しがたいことです」といって、その先生につくのをあきらめた。結局適当な師がなくて、藤樹は自学自習を決意し、『周易啓蒙』を入手した。そして村に帰って、徹底的にこの書によって易を研究し、占いに通ずるようになるのである。幼い時代より藤樹は、環境のせいもあって、自学自習で学問を身につけてきた。独学で自得することに藤樹は自信をもっており、またそれが得手でもあったようである。

さて、『翁問答』で藤樹は易学にふれ、「必読書は十三経である。そして『易経』の内容を発展展開したのが十三経であるから、まず『易経』をしっかり学ぶがよい」と、『易経』を高く評価している。易を学びはじめた翌年の秋、九州の友人池田某が京都にきたので、藤樹も京都に出かけて久々の対面があった。この時嶋川氏にあって、易について議論し合っている。

なお、藤樹が京都に行ったのはこれが最後となった。学問のため、必要な書物の購入や最新の資料の入手のためには上洛は必要であったろうが、健康上の理由か、門人の指導や著述活動のため寸暇を惜しんでのことであろうか。

四書中心に学んできた藤樹にとって、『易経』を学んだことの意義は大きい。それはまず五経の研究へのいとぐちとなった。そして、四書から五経へと進むことによって、藤樹の学問は次第に朱子学から、格法主義から、脱却していくことになるのである。

## 朱子を批判する

藤樹は格法主義に立って、聖人の示した行為の規準に厳格に従おうとした。しかし、これまでの経験からすると、それは極めて困難であるばかりか、その時の事態に合わず物事がうまくはこばないことがしばしばであった。そのために、今の世の中に聖人の道を行うことは、到底自分の及ぶところではないのではないかという疑念が頭をもちあげたようである。

だが、聖人の教えが間違っているはずはない。藤樹は自分の学問の未熟さを反省し、疑問の解決をめざして、さらに学問に精進したのである。すなわち、藤樹はこれまでの四書中心の学問から進んで易経からはじめて五経の研究に手をのばしていった。五経とは『易経』『書経』『詩経』『春秋』『礼記』をいい、漢代の武帝の時に儒教の根本経典とされて今日に至っているのである。この古く長い伝統をもつ五経を、藤樹は大きな期待をもって熟読した。はたせるかな大いに感得するところがあった。藤樹は直ちに筆をとって、『持敬図説』『原人』の二著を書いた。では藤樹は何を感得したのか、それを『持敬図説』によってみてみよう。


この小論の中で注目されるのは、朱子の持敬を批判していることである。朱子学では、持敬は聖人となるための主観的な方法として、その客観的な方法である窮理とならぶ重要な概念である。朱子学では、敬とは心をひとつに集中して散らさないこと（主一《しゅいつ》無《む》適《てき》・其心《そのこころ》収斂《しゅうれんして》不容一物《いちぶつをいれず》・常惺々法《じょうせいせいのほう》）と説明している。ところが朱子学に忠実であったはずの藤樹が、『持敬図説』の冒頭で「敬とは、畏《い》天命《てんめい》（天命を畏《おそ》れつつしむこと）と尊徳性《そんとくせい》（徳性を尊ぶこと）をいうのである」と述べて、独自の見解を立てている。畏天命は『論語』の「季子篇」に、尊徳性は『中庸』の第二七章にあることばである。

藤樹はなぜこの二つのことばを引いて、朱子とは異なる独自の見解を立てたかについて、その理由を次のように説明している。すなわち、程子や朱子の説明は大変簡単でありかつ奥深すぎるために、

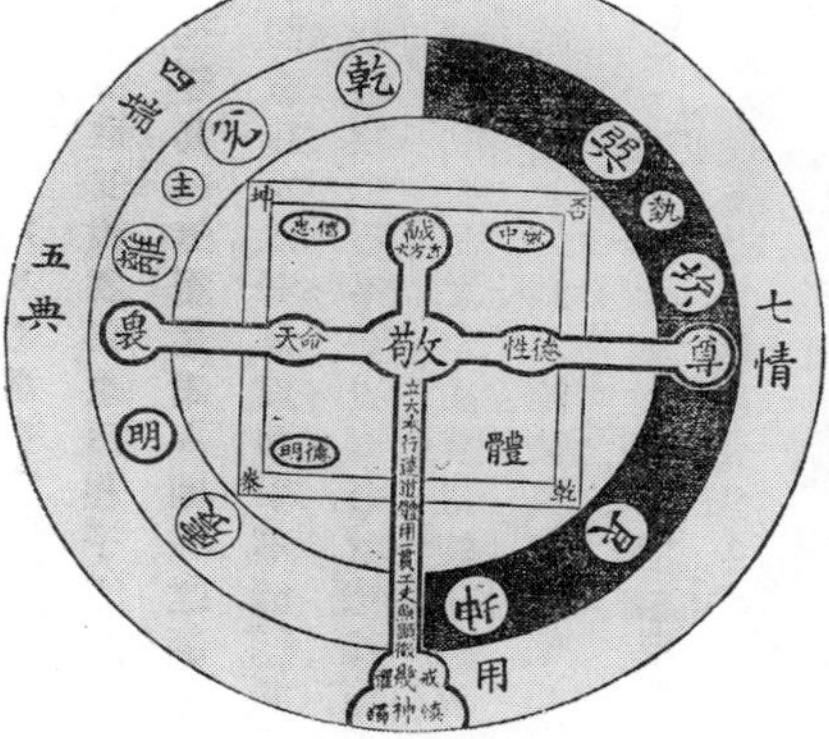


『持敬図説』の図

意味が十分明らかにされておらず、不親切であること、またそのために初学の者にとってはくわしく正確に理解することができないこと、さらに、心をひとつことに集中して散らさないこととか、精神の統一とかいう説明は持敬の境地を形式的に述べているだけで、持敬の内容やその境地に至る工夫の仕方を述べていないことなどがその理由である。宋学の学者の持敬の説明にはこのような欠陥があるために、宋学の学者のことばに従ってわが心を把握しようとすれば、その把握した心は実は単なる知覚作用としての心でしかなかったり、また心がひとつことに集中するということも、内容を欠くために知らず知らず私欲のひとつことに集中し、私欲の充足に専念するというようなことになってしまうおそれがある。心を集中し精神を統一して聖人をめざしながら、知らぬ間に、実際には、わが身の満足や救いや幸せのために専心していて、仏教徒や道家の人たちと全くかかわりがなくなってしまっているというようなことが起こってしまう。このような誤りに陥らないためには、ただ精神を統一するとか、わが心を把握して散らさないというのではなくて、持敬そして主一無適を正しく実現する具体的な内容をもった工夫の仕方が示されなくてはならない。この工夫の道が畏天命・尊徳性なのである。この持敬をめぐっての朱子批判は、朱子学者藤樹の一大変化であり、藤樹が朱子学から抜け出す具体的な第一歩を踏み出したものといえよう。

持敬の説明をめぐっての朱子批判は当然藤樹の思想の変化からきたものである。

ではそれは何なのか、その内容を畏天命・尊徳性にさぐってみる必要がある。

## 畏天命・尊徳性

朱子は、聖人によって事物の理はすでに正しく把握され、それらは儒教の経典にしるされているのであるから、後世の人間はこの経典を読んで研究し、その通り実践すればよいのであると説いている。だが、朱子によれば、人間の心には天理をうけた本然の性があると同時に、気質の性、人欲があるので、人欲を抑え、気質の性から本然の性にかえらなくてはならない。この場合に、聖人の教えが人欲、気質の性、悪と本然の性、善とを区別する規準となるのである。したがって、ここに、朱子学では、聖人の教えを絶対としてそれを行為の規準とする厳しい格法主義が生まれる。そして朱子学を信奉する藤樹は当然ながら、格法主義を自己の立場としてきたのである。

しかし、この立場を貫くことはほとんど不可能であることが、理想と現実、自己と社会、心と行為、あるいは聖人と自己との対立分裂という藤樹自身の体験を通して、藤樹にはっきり意識されてきたのである。ここに朱子に対する、また格法主義に対する疑問が生ずるようになる。一旦疑問を生じた時に、聖人の教えを疑うわけにはいかないとすれば、残された道は、自己とその現実を聖人や理想にまで導いてくれる媒介を探求することである。藤樹は、この欠落していた媒介を畏天命・尊徳性に見いだしたのである。

では、畏天命・尊徳性とは何か。まず畏天命の天命を、朱子は、天が人や物に与えた正理であると解している。これに対して藤樹は、畏天命とは、天つまり上帝の命令を畏《おそ》れつつしむことであるという。上帝は常に人間が正しく努力しているか否かを見守っており、正しく努力して怠らない者には幸福を与え、誤りを犯し努力を欠く者には災いを下して罰し、人間が正しく努力し、適切に行動するよう導いているのである。上帝の目はごまかすことはできない。それゆえに、このように上帝に見守られていることを思えば、たとえ他人の目がなく、ひとりの場合でも、自分より優れた人物や父親の前にいる時のような心持ちに、自然になるのである。これが畏天命である。

次に徳性とは、人の人たる所以《ゆえん》の道理であり、人間が天理をうけて内にもつ明徳である。それをわが身の主人とし導き手として大切にし、決して離れることのないようにすることが、尊徳性である。徳性を尊ぶならば天理の明徳が明らかとなって、常に適切にしてかつ正しさを得ることができるのである。かくして畏天命・尊徳性によって、人は期せずして持敬を実現し、明徳の理想を実現し得るのである。

ところで、この藤樹の見解、とくに尊徳性の説明は、論理的にみれば、明徳から出発して敬をへてまた明徳に戻る循環論法になっているのではないかという問題がある。しかし藤樹の学問・思想に起こった変化とその展開をさぐろうとしているので、ここでは、この畏天命・尊徳性を独自の見解として打ち出したことが、藤樹の思想展開のうえで、いかなる内容と意義をもつものなのかを考えたい。

藤樹は、持敬のための工夫の規準を示していないという理由で、朱子を批判したのであるが、その批判は、工夫の方法や規準の有無をこえた重要な面、つまり藤樹の思想内容上の変質にかかわる面をもっている。それは、朱子が精神を統一し心を把握して散らさない努力を求めているのに対して、この努力を藤樹が批判しているということである。藤樹は、絶対者である上帝の目を感じ、天理の明徳をわが身の導きにすれば、精神を統一するとか、心を把握して散らさないとかいう非常な努力なしに、自然に敬が実現し、天理に合して適切さを得るというのである。藤樹は心を労し精神を辛苦することに対して、むしろ心が自然に働く時、その内なる天理も実現されると考えはじめたのである。藤樹は、人の心の本性を自然な姿で生かすことの重要さに気づいたのである。

このことは、藤樹の思想に転換が起こり、新しい境地が開けはじめたことを意味するものである。それは、形式の面からいえば、格法主義からの脱却であり、朱子学からの脱却である。それは、慎重な藤樹がこれから時間をかけ種々の工夫を積みながら、さらに曲折をへて次第に熟していくのである。

新境地への一歩となった『持敬図説』の畏天命・尊徳性は、その翌春、藤樹の教学の綱領を門弟に示した「藤樹規」にも、「持敬の要、進修の本なり」と書かれて定着している。

そして、その秋に『論語』の講義をはじめ「郷党篇」に至って再び大いに感得触発されることがあり、藤樹の学問はさらに前進することになるのである。

## 『論語』に触発される

寛永一六年三二歳の秋、『論語』郷党篇で感得触発された藤樹は、進んで『論語』の解説を作ることを決心した。藤樹は自分勝手な都合のよい解釈に陥って、『論語』の主旨をゆがめることをおそれて、可能な限り広く文献にあたり、徹底的かつ厳密に考証を行っている。そのために、非常な苦心をし、郷党篇より起稿し、翌年から翌々年にかけてやっと先進篇のはじめの二、三章までいったが、ついに病苦のために中断し未完成に終わった。この苦心の著作も、例によって、後に自分の意に満たないところが多いと、藤樹は批判するようになるが、この『論語』の解説は、先進篇の部分は伝わらず、郷党篇の部分が『論語郷党啓蒙翼伝』(以下『翼伝』と略称)として残されている。

では、まず郷党篇にはどのようなことが書かれているかから紹介しよう。郷党篇は『論語』の第一〇番目の篇で、二三章からなっている。江戸時代以来、落語「馬屋火事」で庶民にまで親しまれて

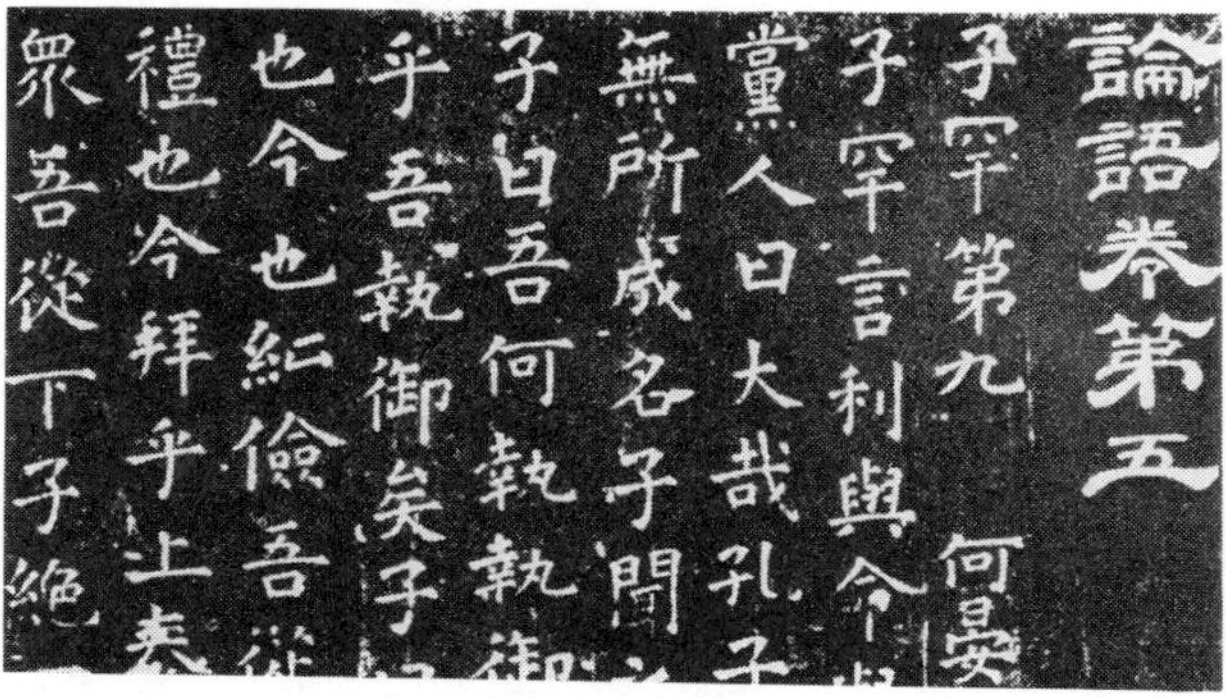


『論　語』

いる孔子の逸話、「うまや焼けたり。子、朝《ちょう》（朝廷・役所）より退《しりぞ》きて曰く、人を傷《そこな》えりやと。馬を問わず」（孔子の留守中に馬小屋が焼けてしまった。孔子は役所から帰ってくると、人には怪我はなかったかと聞かれて、馬のことは問われなかった。）は、この郷党篇中の孔子の面影を伝える一エピソードである。

郷党篇は『論語』の中で他の篇とは異なった特徴をもっている。それは、この篇が、孔子の面影を伝えようとして、孔子の公私にわたる日常生活を具体的に描写していることである。郷党篇はまず孔子の公的生活からはじまる。すなわち、孔子は郷里の人たちとつき合う時は人々と協調し、自分をかざることなく、ひとつもえらぶるようなことがなかった。祖先の霊をまつる宗廟《おたまや》や朝廷でははっきりと話し、かつことばをつつしんだ。上級の役人と話す時は慎み深く、主君の前ではうやうやしく、しかもかたくならずにのびやかでゆとりがあった。さらに公式の儀式にのぞんでの孔子の挨拶や応対ぶり、朝廷への出入りの時の歩きぶり、主君の前での立ち居振る舞いがことこまかく具体的に書かれている。次に私生活にふれ、衣服は何をどういう風に着用したか、食事はどういう物をどのように食べたかなどがこまかに書かれている。「酒、量なしといえども、乱に及ばず」（酒の量は一定の限度がきまっていないが、乱れない程度にのむべきである）などは、酒屋を開いた藤樹の気に入りそうなことばである。続いて、例の馬屋火事の話で孔子のヒューマニズムを描いたり、村人と酒をのむ時の孔子の村人に対する心やりにふれ、また不幸に合った人たちに対する孔子の心づかいを述べている。そして最後に、孔子が子路とともに山に行き、きじが驚いて飛び立つのに出くわした話で終わっている。

郷党篇に取り上げられている事柄は、誰でもが出合う日常平凡な事柄であって、描かれている孔子の姿も決して聖人の非凡な姿ではない。馬屋火事の話にしても孔子ならずとも多くの人がそのように行動することであろう。では一体郷党篇は何を語ろうとしているのだろうか。そしてまた藤樹はこの篇の何に感得触発されたのであろうか。

『論語』の中で、孔子は仁と礼と学問を語り、人間は社会的存在であることを知り、道徳的自覚の下に生きるべきことを、その言行を通して人々に示している。孔子の一言一行は人間の理想像を示し、理想に至るべき行為の規範を語り、聖人の姿を明らかにしている。しかし、郷党篇では、郷里の人々の中にとけこんで、酒をくみかわし、人の不幸に同情し、災難にあっては安否を気づかい、公的な場にあってもその場にふさわしく振る舞って、周囲の状況にごく自然にとけこんでいる、そ

孔　子　像

うした孔子の姿が描かれている。それは、人間としての、公人としての、私人としてのありかたのさまざまな規範や原則を示し、それらを厳格に順守するというのではなくて、自己の内面から発する人間性に従っての振舞いが、そのまま周囲の状況と一致して、ことが自然にうまくはこんでいる姿である。

言行によって人々に規範を示している『論語』の孔子の姿を仰げば、その示された規範を順守することが聖人への道であり、ここに格法主義の態度が生ずるのである。朱子が、そしてこれまで藤樹が『論語』を読み孔子に接したのは、この態度においてであった。そして郷党篇は、この格法主義を反省させるきっかけをつくる内容をもっていたのである。郷党篇の孔子は規範・原則・道を説かず教示してもいない。それにもかかわらず、孔子が何の作為もなくごく自然に生活していながらも、その一挙一動が規範にあたり、道を実現している生き生きとした姿が、そこには出ている。聖人とはこのような孔子の姿でなくてはならない。藤樹が大いに感得触発されたのはこの点ではないだろうか。ただ聖人の教えを規範として厳しく守ろうとするその努力は、個人的な作為であって、そのために周囲との間に違和感を生じさせ、かつては荒木某にひやかされて面罵する場面となり、あるいは脱藩という非常の行為を招いたのではないだろうか。藤樹の心のうちには、これまでの格法主義に対する疑念が広がっていくのであった。

藤樹は、孔子の、内から発しながらも極めて自然にして適切な身の処し方にひかれ、これを「時中の妙」として感得した。藤樹の身にはこれまでうまくいかなかったことが多かったのは、時中の妙を得られなかったことにあると気づいたのである。

藤樹は、この時中の妙を得ることの重要さを知ることによって、『論語』についても新しい見方をするようになったようである。『論語』は上下二論に分けられ、上論は学而《がくじ》篇より郷党篇までの前半の一〇篇をいうのである。この『論語』上論は、学而篇の首章に「学びて時に習う」の有名な文句にはじまり、郷党篇の孔子と子路が山道できじの飛び立つのに出合って「時なる哉。時なる哉」といった話で終わっている。藤樹は、この「時習」にはじまり「時哉」に終わることに着眼して、『論語』上論は「時中の妙」が語られていると理解したのである。この「時中の妙」の把握は、畏天命・尊徳性でとらえたところをさらに一歩前進させ、理論的に明確化させるものであった。次にこの点を『翼伝』でさぐってみよう。

『翼伝』によれば、郷党篇は孔子の面影を描いて、後世の学問に志す者に「聖心」を得させる手引きとしたものであるから、学者はその迹《あと》（孔子の日常の言行）をそのまま規範として、それに従うのではなく、その言行の奥にある孔子の心を把握することを心がけなくてはならないと述べている。「心」と「迹」いいかえれば心情のあり方と対人的、対社会的な実践とを区別し、迹を通して心を理解することが大切だというのである、このように聖心を主題とした郷党篇は、その主題を「聖の時」としてとらえ、「時中の妙」として示しているのであり、心のありようによって人間の行為は適切さを得、真の正しさを得ることを語っているのである。

## 時処位に従って

では、その時とは何か。時とは、実社会の現実の場面であり、天・地・人に応じて時・処・位の三つの構成要素に分けることができるのである。聖の時、時中の妙とは、この時処位を得ることである。聖の時を得、時中の妙を得れば、聖心をわが身に実現することになるのである。ところで、時中するとか、時処位を得るとは何に照らしてそういうのだろうか。藤樹は、それを天則（天理にもとづく行為の法則・規範）であると述べている。天則に適中するのが時中であり、時処位を得ることである。この場合に理屈をたてて思案するというようなことなくして適中し、何の抵抗もなく適合するのであって、種々様々に努力し思案工夫のすえ適中するのではないのであり、ここのところが「妙」なのである。あたかも水が地形に従ってさまざまな姿形をとりながら低い方に流れるように、時処位に従う自然な行為のうちに、人間の本来の性が発揮され、しかも天則に適中するのである。郷党篇に描かれている孔子のひとつひとつの行為はまさにそのようなものであって、孔子は、こういう場合だからこうする、こういう場所だからああする、相手がこういう人だからと、いちいち思案してしたわけではない。この無意にして自然に天則にかない理にあたっているところが聖の時であり、時中の妙である。しかし無意自然といっても、その底に孔子の心は生き生きと働いているのであり、これが聖人なのである。

この『翼伝』の主張は一体何を意味するのか。朱子は事物の理を窮めることを説き、客観的現実世界における理の実在を認めていた。すなわち、朱子は理を客観的に認識して、その理にもとづいて自己の行為を決定する立場をとるのである。藤樹もこれまでは、この朱子の立場をとっていたのである。しかし、『翼伝』の立場からすれば、このような朱子の立場は、心と迹との区別をあいまいにし、迹になずんで、心を作為的に無理やりに働かせることであって、郷党篇の孔子の姿とは全く異質である。朱子の窮理・持敬や規範に対する厳粛主義は、迹になずんで心の自然な

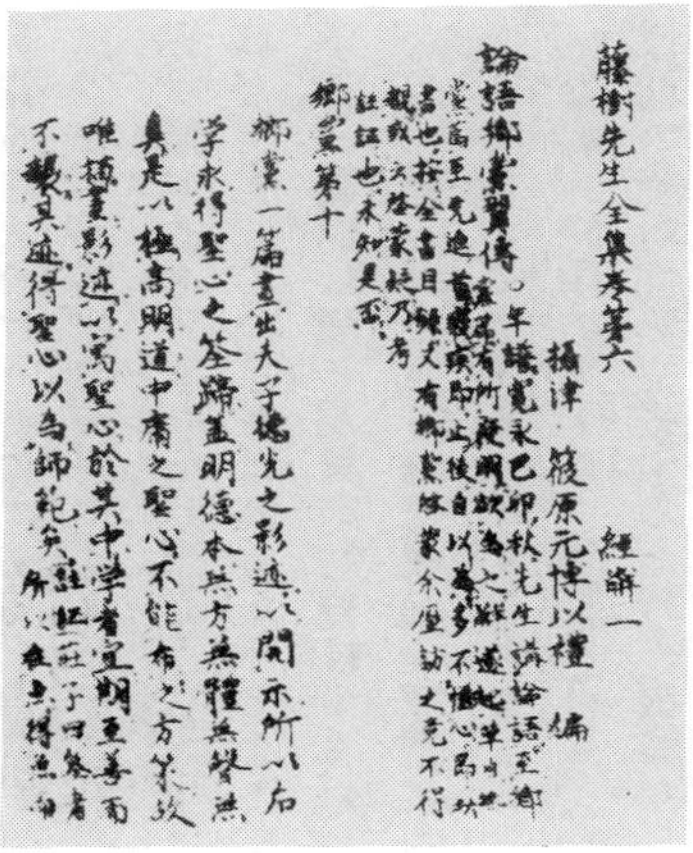
藤樹先生全集巻第六　経解一
摂津　篠原元博以禮　編
論語郷党翼傳
郷党第十

『翼　　伝』

発露をさまたげるものである。『翼伝』での藤樹は、心と迹とを区別し、迹よりも心を大切にし、事物に内在する客観的法則よりはわが心の本性に従おうとするものである。このことは、藤樹がこれまで格法主義になずみ、自己を客観的な外的な法や規範に全面的に従わせてきたのに対して、藤樹自身どれほど自覚していたかはともかくとして、大いなる転換である。外から内へと目が向けかえられたとはいえ、藤樹は理とか規範を無視するのではなく、天則・天理に合致し、それを正しく実現するためには、迹として示された規範や原則に対して自由な態度をとり、心の本性に従わなくてはならないとしているのである。

なお、時中の考えは、すでにみた「林氏剃髪受位の弁」に出ているが、その段階では藤樹は規範・原則の絶対性を主張するための根拠として取り上げている。これに対して『翼伝』では、外的な規範や原則に対してではなくて、人間の心情の本性の自然の発露を積極的に評価する根拠として取り上げられている。すなわち、時中の思想は、『翼伝』に至って、単なる批判の手段から、藤樹の思想の実質的な内容へと大きく変容したのである。

**分別・思案を排す**

これまで述べてきたような『翼伝』における藤樹の思想の実質的内容に関係する大きな変化は、必然的に朱子批判を『持敬図説』よりも積極的なものにしている。

まず郷党篇の第一章、郷里の人々と交わる時と、宗廟《おたまや》や朝廷にいる時との孔子の様子を描いた文章の解説で、藤樹は朱子の考えの根本を批判している。すなわち朱子は、第一章に描かれた孔子の振る舞いについて、郷里は今の日本と違って、大家族制の古代中国では父兄や一族・親戚が多勢いるので、くつろいで互いに調子を合わせ、かざらず、えらぶらないのであり、宗廟は祖先を祭る場であるから礼法に従ってきちんと行動し、朝廷は政治を行う場であるからはっきりとものをいい、ことばをつつしんで適切に使うのだと解説している。しかしこの朱子の解説は、孔子の行為がなぜ天則・天理に合っているかを説明しようとして、そのわけを孔子の心の中に推測してつくりあげたものである。孔子は決してこのような分別や思案工夫によって、その場に合ったきちんとした行為をしたわけではないのである、と藤樹は朱子の解説を批判し否定したのである。藤樹は第一章からはじまって郷党篇の全章から、孔子が心情のうながすところに従って、その振る舞いが自然にその時その場にふさわしいものになっている有様を読みとらねばならないと述べている。

第八章の食べ物のことにふれた文章の中に「時ならざれば食わず」ということばがある。朱子は、このことばについて、時ならずとは五穀がみのらず、果実がまだ熟していないことであり、未熟なものを食べれば中毒したり身体に害があるから食べてはいけないと解説している。藤樹は朱子の解説を、まだまだこのことばの奥義をきわめていないと批判している。藤樹は、未熟で食えないものでも必要な時は食い、時を熟していない時と狭く解釈して、食べない理由づけをすることは個人的な作為だとして退け、食わないことにこだわらないのが聖人なのだと述べている。

さらに、馬屋火事の話について、孔子が家人の安否は聞いたが、馬のことは聞かなかった点を取り上げて、朱子は、孔子が馬よりも人を貴んだからだと解説している。藤樹はこの朱子の解説を皮相な見方であると批判する。すなわち、それは馬よりも人が大切だというような差別意識やヒューマニズムからとられた行為ではないのである。聖人の人々への対し方は、丁度父母が赤ん坊に対するのと同じである。火事にあえば、まず父母の口をついて出るのは赤ん坊は無事だったかということばであろう。同じように火事にあえば聖人はまず人の安否を聞かずにはおれないのである。それはただ聖人の真情の自然の発露以外の何ものでもないのである。孔子のごとき人は人の安否を聞いたあと馬の安否も必ず聞くに違いない。また孔子に聞かれた家人は人の安否とともに馬屋火事なのだから、馬の安否を当然報告したことであろう。だから孔子は馬のことを聞かなかったのだ。馬を問わずのことばに、自分の狭い了見でこだわって、何とか納得のいくように理屈をつけるのは間違いである。

さてここでちょっと道草をしよう。馬屋火事の話は孔子のヒューマニズムを語っているという一般的な解釈のほかに、いろいろの解釈がある。わが国の国学者本居宣長のそれを紹介しよう。それは宣長の随筆集『玉勝間』(十四巻)にのっている。

家が火事の場合でも人間はそう簡単に焼死したりするものではない。かえって馬の方がつながれていて焼死することが多い。まして馬屋が火事にあえば人に危険はなく、馬こそ危険である。だから馬の安否を問うのが当然であり、これが人情というものである。それなのに、まず人の安否を問うことさえ疑問なのに、馬のことを聞かないのはまことに人情のないことである。人の安否を問うのは自然なことだから記録しもするだろうが、馬のことを聞かないのが、どうしてそんなによい立派なことなのだろうか。まことにおかしな書きようである。これでは、門弟たちが、孔子の常人と違うことを人々にわからせようとするあまり、かえって孔子を不人情な人だと宣伝する結果になってしまう。孔子をほめあげるなら、馬を問わずの文字はけずるがよい。このような宣長の解釈、そして朱子・藤樹の解釈、諸君はいかに解釈するか。

本居宣長

## 敬は愛にもとづく

朱子は、郷党篇における孔子の行為を、孔子が思索工夫し、さまざまに配慮し努力した結果であるとし、そのところに郷党篇の意味を見いだしている。藤樹はこの朱子の解釈を批判して、郷党篇の孔子の行為は自然に出たもので、そこに思索工夫をみることはできないのであり、孔子の行為が理にかなっているのも、孔子が時・処・位に応じて自由に心が働いて、自然に適切な行為の仕方を発見して振舞ったからであるとみたのである。このような朱子批判は、藤樹が迹と区別された心を重視し、心情の内から発する声に従ってこそ、時処位に適中し、時中の妙を得た行為が自然ととれると考えたことの根拠である。

では、孔子の自然にしてしかも適切である行為を支えている内面的な心情の働きは何なのか。藤樹のこれまでの用語からすれば、それは敬であるはずだが、ここに至っては敬で表現しきれないものとなってしまっている。そして、『持敬図説』では、敬を「畏天命・尊徳性」と解説したが、それはさらに一段と明確にされる段階にきている。藤樹はそこで『翼伝』では「愛」と関係させて敬をとらえたのである。「敬は愛にもとづく」とされ、「愛の極を敬となす。一敬立って万善これに従う」と解説されるのである。敬は、畏天命・尊徳性をへて、愛敬としてとらえられた。藤樹は、この頃から愛敬の語を好んで用いるようになり、「愛敬の至徳」という使い方をするようになった。

この愛敬の語は『孝経』にある。藤樹は三〇歳を過ぎてから、そしてとくに『翼伝』を起稿した三二歳以後急速に『孝経』に対する関心を深め、三三歳の夏には『孝経』に深い意味を読み取り、「孝」の思想によって『翁問答』を書き、三四歳から翌年にかけて『孝経』の解説である『孝経啓蒙』を書くに至っている。敬を愛に結びつける考え方は、外的にはこの『孝経』に助けられて、藤樹自身の内面的な心情の重視への傾斜と、その自覚化の一段階として具体化されたということができよう。

ところで、敬を愛でとらえる考え方は、『持敬図説』の畏天命・尊徳性についてみれば、内容的には尊徳性の展開であり、それをさらに具体化したものといえよう。そうであれば畏天命はいかに深められ具体化されていったのだろうか。この点に関しては、藤樹三三歳の時、太乙神の信仰に入り、士・庶民の一員として天を祭ることに熱心になっていることが注目される。ここに畏天命の具体化をみることができよう。この点については、後に藤樹の宗教思想を扱うところでふれることにしたい。

ここでは、『持敬図説』で畏天命・尊徳性としてとらえられた敬が、一方は太乙神信仰へ、他方は愛敬へと深められ明確にされていったことを確認しておこう。そして、藤樹のこのような思想の前進過程の中で、中期の思想の結実たる『翁問答』をみておこう。

# 『翁問答』の思想

## 『翁問答』の成立

藤樹は、三一歳の時五経を熟読して触発され感得することがあって以来、三二歳の時には『論語』とくにその郷党篇で、三三歳の時には『性理会通《かいつう》』、その夏には『孝経』、そして冬には『王龍溪語録』などに触発され、その時々の成果を『持敬図説』『論語郷党啓蒙翼伝』『孝経啓蒙』などにまとめあげていった。藤樹が持病のある身で、母に仕え、門人を指導しながら、自己の学問に精進し、人間としての完成のためにいかに刻苦精励してうむことがなかったかがよくわかる。こうして藤樹の中期の思想はようやく熟していったが、その思想の結晶が、藤樹三三、四歳の頃の著述『翁問答』である。

大洲藩のかつての同志たちは、藤樹が去ったあと、よき指導者を失い、同志たちは互いに学力不足であるので、真偽正邪を判別し、まっすぐに徳をわがものにできる道を、仮名書きで示してほしいと願ってきた。藤樹がこの要望にこたえるために書いたのが、この『翁問答』である。

『翁問答』は、人の道についてくわしく語り、その文章はやさしくわかりやすく、その議論は明快で、生き生きと筋がはこばれており、読む人の心を強くひきつけ、多くの読者を得ることとなっ

『翁 問 答』

た。だが藤樹は例の通り間もなくその内容に不満を感じ、改正を志し、門人にも授けなくなった。ところが藤樹三六歳の寛永二〇年に京都の本屋が無断出版したのが耳に入り、直ちに版木を破棄させて、改正を試みたが、藤樹の死により改正はごく一部に終わってしまった。しかし、藤樹がなくなった翌年、たちまち無断出版が行われ、引き続き数種の版本が出るほどで、『翁問答』は藤樹の意志に反して、彼の代表的な著作として、広くながく世間の人々に愛読されることとなった。新井白石が『翁問答』を読んで、聖人の道を知り、道に志すことが深まったという話が伝えられているが、事実、多くの人々が『翁問答』に触発されているのである。

『翁問答』は、天君という老先生と弟子の体充との問答を、藤樹が傍聴して記録したと仮託して書かれている。「天君」とは『荀子』天論篇の「心は中虚に居りて以て五管を治む。夫《そ》れ是《こ》れを天君という」（心は体内の最も中心にあって、五管を制御している。そこでこれを天君すなわち自然な支配者というのである）からとった語である。つまり天君とは心を人格的にいいあらわした語である。「体充」は『孟子』（公孫《こうそん》丑《ちゅう》篇上）の「気は体の充なり」からきており、気を人格的に表現した語である。すなわち『翁問答』は、心の本体を悟った老先生と、気質の束縛を脱していない弟子との問答という形式を借りて、藤樹が自分の思想を語ったものである。

『翁問答』は、孝の思想を中心に、人間一生涯の道を説いているので、この点からみていこう。

## 人間一生の道

『翁問答』によれば、人間が一生涯の間、心に守り身に行うべき道がある。この最高に重要な道は、すべての人がその身に備えているものである。この道を守って、社会生活をする時は、人間関係が整って社会生活がうまくいくし、神々にお仕えすれば神々もその人をお受けいれになり、心の平安が得られる。道に従って、政治を行えば天下国家がうまく治まり、家庭生活をすれば家族仲むつまじくなる。道に従って振舞えば行動はいつも正しく適切であり、道に従って心が働くならば心は曇りなく正しく働くのである。このように、道は人間にとって二つとないすばらしい宝物なのである。このすばらしい宝物を捨てたのでは、人間らしい一生を送れないばかりか、他人にも迷惑をかけ、世間をこまらせ、世界の運行をさまたげそこなうことにもなるのである。天地・自然から人事万般に至るまで、この世界でこの道と無関係に存在するものはひとつもない。道は宇宙の万事万物一切をつつみこんでいるのである。そして、天にあっては天の道、地にあっては地の道、人にあっては人の道となって、それぞれを支配し存在せしめているのである。

道は、このように広大であると同時に、われわれ人間の身のうちにも備わっているのであるから、人間の心を生まれつきもっている者は、誰でも道をわがものとして道に従うことができるはずである。天地の子として生まれた人間は、すべて兄弟であり、人間の心をもって生まれ、身に道を備え、道を実践できるという点では、人間は本来平等である。

ところで、本来平等であるはずの人間が、社会生活において身分上の差別があるのはなぜだろうか。それは、人間のもって生まれた「分《ぶん》」によるのであり、素質の賢愚によるのである。生まれつき道という宝とわが身、わが言動がぴったりひとつであるのが聖人であり、学問によって道を自覚して守り行うのが賢人である。むかし、理想社会を実現した堯舜の時代には、聖人は天子の位につき、大賢人は宰相となり、その次の賢人は卿大夫や士となり、愚痴《ぐち》不肖《ふしょう》の者は農工商の庶民となって、上は天子から下は庶民に至るまで、それぞれのもって生まれた分に相応する社会的地位にあって、各人にふさわしい社会的役割をつとめたのである。こうして、天子・諸侯・卿大夫・士・庶民の五等の身分秩序ができた。人間に天分の差があり賢愚がある以上、身分秩序があるのは道にかなったことであるが、しかし、それはあくまでも天性の厚薄高下、天賦《てんぷ》の才能の差にもとづく秩序なのである。身分の高下は、各人が素質の差、能力の差に応じて道を行うためのものであり、その点では、身分は庶民のみならず、天子・諸侯・卿大夫・士などの上級者を拘束し、上級者といえども道にはずれる恣意は許されないのである。

人間は、その分に応じた位にあって、その職分を尽くし、自己の人間としての完成をはかり、社会的秩序を確立することこそ、人間一生涯の道の実践なのである。

### 全孝の思想

では、人間一生涯の道の根本は何か。藤樹は『翁問答』で『孝経』の強い影響の下で、道の根本を「孝」であるとした。では孝とは何か。

藤樹によれば、孝とは手みじかにいえば、「愛敬」の二字に帰着するのである。愛とは、人に懇切にして親しむことであり、敬とは、目上の人を敬い、目下の人を軽んじあなどらないことである。

孝は明るい鏡にたとえることができる。鏡は相手の形と色に従って、さまざまな影をうつすが、鏡そのものに変化はない。孝も親子・兄弟・夫婦・君臣などのさまざまな人間関係に応じて、慈と孝、恵と悌、和と順、仁と忠というようにさまざまなあらわれ方をするが、愛敬という根本のところはかわらないのである。だから、孝は人を愛し敬う普遍的な人間存在の原理であり、人倫の道の根本なのである。

ところが、この孝を、世間では親孝行の一事と思いこんでいるが、親孝行は孝が子の親に対する関係においてあらわれた姿なのである。孝は、宇宙万物の根底にある本体（太虚《たいきょ》）であって、はじめもなく終わりもない永遠なる存在で、万事万物はすべて孝より生まれ出たものであって、万事万物どれひとつとして孝の道理が備わっていないものはない。なかんずく人間は天地万物のうちで最も優れた存在であるので、人の心と身に孝の実体が皆備わっているのである。

では、孝を日常生活に実現するにはどのようにしたらよいであろうか。藤樹によれば、孝の実践の要点は、「身を立て道を行う」よう努力することにある。「身を立てる」とは、宇宙万物の根底にある本体（太虚）、天道の本体（神明）を明らかにして失わないことである。「道を行う」とは、太虚神明を明らかにし、常にそれに従って人々と交わり、万事を処理することをいう。さらにいえば、太虚神明を悟って、時処位の三つの現実の条件をふまえて、それにふさわしく愛敬の心をもって振る舞い、自分の役割を正しく適切につとめる時、人倫の道を正しく実現することができ、これが身を立て道を行うことなのである。

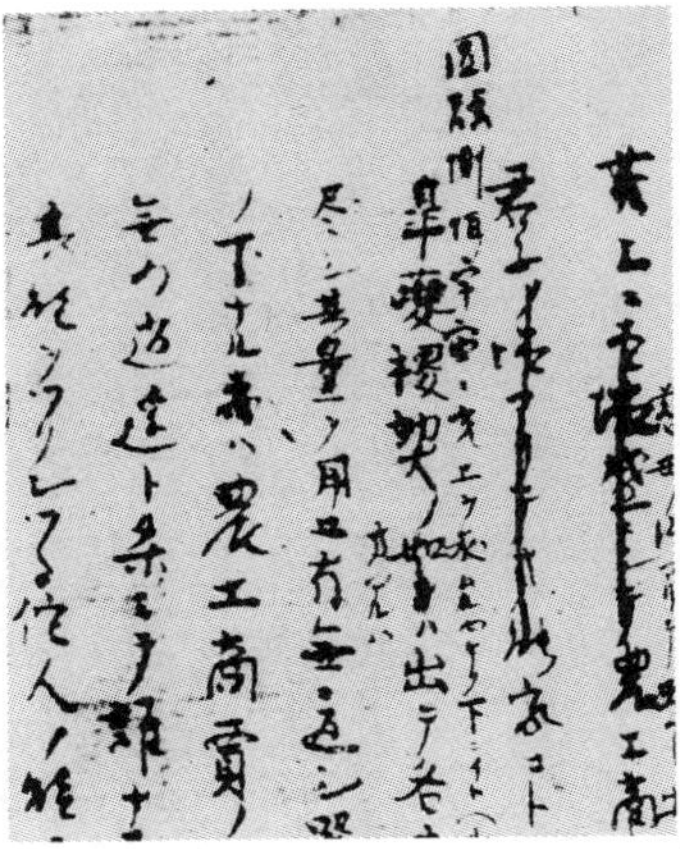
伝『翁問答』真筆

たとえば、天子の孝行は、愛敬の孝徳を天下に明らかにすることである。まず天子は真先に自分の人格を完成し、万物を感化する根本原理を確立し、賢人を愛敬して宰相とし、善人を愛敬して、才能・人柄に応じて官職を授け、小国の臣下をも軽蔑したり忘れたりしないことである。そして風俗・習慣や法律などの諸制度、学校の教えなどが適正になり、天下の人々が皆その本心に備わっている孝徳を発揮し、それぞれに受ける利益を感謝し、それぞれの楽しみを楽しむことができるように、万人を愛敬すれば、天下の人は皆感化されてそれぞれの道を果たし、天下は平和に治まるようになろう。これが天子の孝行の大要である。

諸侯の場合は、まず身持ちや心構えを正しくして、少しもおごらず、その行いが節度にあたり、国家統治の原則をよく守り、家老や重臣を敬い、臣下をわが身同様に大切にし、かりそめにも無礼をせず、臣下の心構えや才能・人柄をよく調べて家老や奉行に任命し、刑罰が公正に行われるようにし、人民をあわれみ、とくに身よりのない人たちをいつくしんで、人心をよく把握し、国が富み栄えるようにすることである。

卿大夫は、心を正しくし修養を積んで、ちょっとした一時の行いにも人の手本となり、ことばひとつも無駄にせぬようよく慎み、君主のため国のため天下のためだけを心がけ、一身一家の利益を決して心がけることなく、泰平の世にも世の中がいっそう平安になるよう政治に心をくだき、戦乱の世には大将となって軍兵を指揮して、戦術戦略よろしきを得て百戦百勝の功を立て、立派にその職務を果たして、祖先の御霊《みたま》を守るのが、その孝行の大要である。

士については、後に士道について述べるので省略する。庶民の孝行の大筋は、農工商それぞれの職業によく励み、財貨や穀物を蓄えて浪費をせず、身持ちや心構えをよく慎み、幕府の政治をかしこみおそれて、法律を順守し、わが身や妻子のことは第二として父母を第一に心がけ、心身の限りを尽くして限度以上に少しでもよく父母の生活をととのえることに努めて両親によろこばれるよう、よく養うことである。

ところが、人間はまことにさまざまな迷いに陥り、孝を失い、道にはずれてしまうのはなぜだろうか。それは皆「私」から起こるのである。「私」とはわが身をわが物と思うことから起こるのである。孝は、人に対する愛敬であって、この私をうちやぶって、人間を人間たらしめるのである。だから、孝を失っては、いくら博学多才であっても真の学者ではないし、まして愚かな者は禽獣とかわらなくなってしまうであろう。

そこで、私・私心・人欲を取り去って、孝徳を明らかにするためには、人は学問をしなくてはならないのである。

## 真の学問とは

『翁問答』で藤樹は、学問は人間の第一の急務であり、人として学問をしないではすまされないと強調している。だが世間には、意外に偽の学問が流行し人々にもてはやされているので、注意しなくてはならない。人間は、生まれつきや後天的な習性や志が人それぞれであるために、学問をやっているうちに、自分の得手に傾いたり自分の都合のよい方に動いて、誤りを犯しても気づかないまま、偽の学問をしてしまうのである。にせの学問の例をあげれば、俗儒・墨家・道家・仏教などである。わが国に伝わり世間に広まっているのはこのうちで、俗儒と仏教である。

俗儒は、儒教の経典を読み、訓詁《くんこ》を覚え、ことばや文章を暗記し、耳から聞いて口で説くばかりで、徳を知って道を行おうとしない者である。仏教は、天地宇宙の生成変化してやまない姿の不思議に目を奪われて、実は宇宙の根本原理がわが身のうちに備わっており、身近にあることに気づかず、そのために志ばかり大きくて、実行できないようなことを説く者である。

真の学問である儒学は、これらの偽学問とは異なる。学問の真贋《しんがん》は、天道の神理にかなっているか否かを規準として見分けることができる。天道の神理にかなっているのが真の学問である。すなわち真正の学問とは、わが心の明徳を明らかにすることを根本にするのが第一である。そして、四書五経の精神を師とし、日常生活における経験をかえりみて、明徳をいよいよ明らかにするようにし、各人の身分に応じて孝行を行い、人間関係を正すことである。このようにして天地宇宙と一体となり、天道に則り得るようになれば、幸いによい時節にであって為政者の一員に採用された時は、天下を治める大事業を達成し、不幸にして時節にあわず窮迫することがあっても、わが身の修養完成に努め、人々の教育に尽くすようにする。これが真の学問である。であるから、学問の根本は、心の汚れをきよめ、身の行いをよくすることである。心がいさぎよくて、行いを正しくするように努める人は、文字が読めなくても学者である。俗儒でも四書五経を読むが、その読み方が問題である。四書五経の精神をきわめ、それを師とするように読まなくてはならないのである。すなわち、四書五経に「心」と「迹」と「訓詁」の別がある。迹とは、聖賢が口に述べた「辞《ことば》」と身に行われた「事《こと》」との二つである。心とは、その口に述べ身に行われたところの本心である。この本心が四書五経の精神である。そして、訓詁は、四書五経の文字の読み方解釈である。そこで四書五経の訓詁を学び、その迹をよくわきまえ、その心をわがものとして自分の心の導きとし、意を誠にし心を正しくすれば、聖賢の心がそのままわが心となって、わが心の働きがそっくりそのまま聖賢の心にかない、わが振舞いは聖賢の時中の妙に合致するようになる。このように学ぶのが真の学問である。

学問は結局は聖賢の心、四書五経の精神をかがみとして、わが心を正しくすることであって、はじめから終わりまでことごとく心のありように関するものである。したがって真正の学問は心学ともいうのである。この心学を励めば、凡人でも聖人になり得るのであるから、聖学ともいわれる。

こうして、真正の学問は、私を捨て義理を守ることをもっぱら心がけ、親に孝、主君に忠、兄弟の間は仲むつまじく、友人とは信義を尽くすなど、人倫の道の実践にまず第一に努力するゆえに、修得することも多く、心構えや行いも改善されるのである。であるから、聖人は別にして、それ以下の人間は学問修行して悟りをひらくことができるのである。

## 権の道

さて、学問をして人の道を全うすることができるのは、私心が取り払われ、心の本来の明徳が明らかとなり、道徳的な判断力が生き生きと働くようになるからである。しかし、日常現実の場面は実にさまざまであって、聖人が示した行跡や四書五経に書き残されている規範で尽くすわけにはいかない。したがって、人は自己の道徳的な判断力によって、自分の行為を発明し発見しなくてはならない。ここに「権」の道の問題が生じてくる。

「権」はまず『論語』子罕《しかん》篇にみえる。「子の曰く、与《とも》に学ぶべし、未だ与に道に適《ゆ》くべからず。与に道に適くべし、未だ与に立つべからず。与に立つべし、未だ与に権《はか》るべからず。」（ともに学ぶことのできる人でも、まだともに道に進めない。ともに道に進めても、ともに道に立つことはできない。ともに道に立つことができても、ともにものごとを適切に取りはからうことはできない。）この文章は学問の発達段階を述べて、権つまり時処位に応じた適切な融通性の困難さを述べている。権の思想はその後もひきつがれ、宋学にもある。藤樹は朱子の権の思想の影響の下に、二四歳の時「林氏剃髪受位の弁」で、羅山の権の思想を批判しているが、『翁問答』では、その権の思想が内容的に前進しているのが注目される。

では『翁問答』の権の思想はどう展開しているか。「権は聖人の妙用《みょうゆう》、神道《しんとう》の惣名《そうみょう》なり。」つまり、権とは、われわれにはうかがいしることのできない聖人の微妙な心の働きとその振舞いであり、天道の具体的なあらわれの総称なのである。天下の大事に関していえば、堯が帝位を舜に譲り授けたこと、殷《いん》の湯《とう》王が暴君である夏の桀《けつ》王を討伐して南巣に追放したこと、周の武王が殷の暴君紂《ちゅう》王を討ち滅ぼしたこと、小事に例をとれば、周公が客がくると食事中でも口中の食物を出し、洗髪中でもすぐ髪をたばねて出迎え、人材を失わないように努めたこと、孔子が郷里の人々と遠慮がちに誠実につきあい、宗廟や朝廷など公式の場でははっきりと口をきいたことなど、これらはすべて礼法にないことであるが、しかしこれらはすべてこまかな一言一動のすみずみに至るまで権であって道にかなった行為なのである。

それでは、権は「経」つまり普遍的な行為の規範に反してしかも道にかなっているのをいうのかというと、それは大きな間違いである。権を経と対立させて、特殊な状況における行為のあり方ととるのは間違いである。聖人は、宇宙と一体となって、物事にとらわれず、過去になずまず、自己の内なる心情の声に従って、自由自在に、生き生きはつらつと行動して、それがことごとく天道の道理にかなっているのである。それは丁度秤《はかり》のおもりがスムーズにゆれ動いて、正しく適切に物の重さを指示するのに似ている。この聖人が、気質にさまたげられて明徳がくらまされ、権を行うことができない賢人以下の人々のために、礼法を定められたのである。だから礼法ももともとは聖人の権の道なのである。しかし、礼法は規範として定められ明示されて「迹」があり、融通をきかせる自由がないので、権といわず礼法と呼ぶのである。この趣旨を理解しないで、ただ礼法に定められた規範を真実の道であると心得て、聖人の礼法を定められた趣旨と、礼法の奥にある経と、権の深い意味をさとらず、ただ礼法になずんで時中の妙にそむくのは非礼の礼である。この非礼の礼と真実の礼の区別がつかないで取り違えている人が、聖人の振舞いをみて、礼法と違っているのに疑いをいだいて、礼と権とは別ものであるなどと理解してしまうのである。この権の字の正しい根本の意味内容を知らなければ、いくら心学に志し学習に勉めても、結局は真のよろこびを求めながら、かえって法になずむ状態に陥ってしまう。法（規範）を尊重してしかも法にとらわれないことが大切である。法ですべてを処理しきれるところはない。また法のないところもない。法が完全に確定完成したこともないし、法が確定されていないところもない。したがって、「経」「礼法」と「権」とは対立するものではない。聖人の発見された経も、聖人の定めた礼法も、すべて「権道の説文」つまり、権が具体化され固定定着したものなのである。要するに、経も礼法も権の一端なのである。

以上のように、『翁問答』で説明されている権の思想は、藤樹自身が発明したものではなくて、すでに宋学において程子や朱子によって説かれきたったところであり、彼らの主張を藤樹が丁寧にくわしく説明したものなのである。藤樹はこのように宋学の権の思想をふまえたうえで一歩進めて、権について独自の考えを展開するのである。次にその内容をみてみよう。

## 初学者も権をめざせ

権は聖人の心の自由はつらつとした働きであり、その結果としての時中の妙を得た言動である。このように聖人にあらわれる高遠深奥な権の道を、初学の者がとやかく取り沙汰してよいものだろうか。この疑問に対して、藤樹は『翁問答』で、初学者でも積極的に権を学ぶべしと述べている。

確かに権は初学者にいきなり実行できることではないけれども、努力工夫の目標にしなくてはならない。たとえば、鉄砲打ちが的を外しながらも訓練を繰り返すうちに、次第に的に当たるようになるのと同じで、人は皆権を目標に努力し修練を積まなくてはならない。目標を外れるのを恐れていたのではいつまでも明徳は明らかにならない。先述した『論語』子罕篇の文章は、「ともにともにすべき」の学は権の道を学ぶ学であり、「ともに行くべき」の道は権の道であり、「ともに立つべき」の道は権の道をさしている。それは、権道を学ぶ段階とその過程を述べ、学者に学問の目標と階梯を示したまでである。であるから、権の外に道はなく、道の外に権はない。権の外に学はなく、学の外に権はないのである。

ところが朱子学では、権は聖人のよくするところであって、賢人以下のよくするところではないと考える。それゆえに人はまず礼法を守り、経に従うことを厳しく命ぜられるのである。したがって、初学者が権を云々することは、等《とう》をこえること、つまり順序を無視し能力をこえたことをすることであって、してはいけないのである。

山崎闇斎

たとえば、わが国の朱子学者山崎闇斎は、藤樹が没する前年に著した『闢異《へきい》』で、朱子のことばを引用しながら次のように語っている。

そもそも天下の道には「経」と「権」とがある。経は万世不変の常道で、人が皆守ることができるが、権は一時の役に立つもので、聖賢でなくては用いることができない。朱子は次のようにいっている。「湯王が桀王を放逐し、武王が紂王を討滅し、伊尹《いいん》が太甲を追放したのは権道である。もし毎日毎時こんなことが行われたら、どんな世の中になるだろうか」と。泰伯が家を出、社会から逃避隠遁したのも権道である。だから伊尹のような志がなくて自分の主君を追放するのは、つまり主君をないがしろにすることである。泰伯のような心がなくて自分の父から離れ去る者は、つまりは父をないがしろにする者である。孔子や孟子はこのような者を厳しく批判し排撃している。

以上の闇斎のことばからもわかるように、朱子学は、権を常人の世界から切り離し、聖人の世界にのみ許されることとし、この区別を無視することを等《とう》をこえることとして非難した。

これに対して、藤樹は、初学者が権を目標として努力工夫することは、決して等をこえることではない。むしろ心がけねばならないことは、権を目標として努力工夫する場合、心の自由な働きに目を奪われて、権の深い道理を見誤ったり見失ったりしないことであると述べている。藤樹によれば、この点で仏教徒、中でも禅宗の僧侶は、権が法にとらわれず迹になずまない振舞いにあらわれているのをみて、その振舞いの奥底に一貫してある中庸精微の矩《のり》（規範）があるのに気づかず、無欲でありさえすればよいとして、法や迹を無視するのが権の道だと理解している。また、俗儒も時中の妙を得ることをわきまえず、欲望や高慢な心から、礼法に背き不義を犯し、権に名を借りて世間をだましている点で、権の道を見失ってしまっている。仏教徒や俗儒の犯す誤りに注意し、権に深い道理、中庸精微の矩のあることを心得ることが大切である。この点をしっかり心にとどめれば、初学者といえども権をめざして努力工夫することはできるし、それは決して等をこえることではない。だから、初学者も権をめざして努力すべきである。

さて、これまでみてきた『翁問答』の権の思想が、朱子の権の思想をふまえて出発していることは明らかである。しかし、朱子が権を聖人に限ったのに対して、藤樹は初学者も目標にしなくてはならないと説いて、朱子を離れて独自の見解を展開した。

この藤樹の権についての独自の見解は、迹よりも心を重視し、人間の心の奥底より発する声に対する信頼が一段と強まっていることを示している。この点では藤樹は朱子学から抜け出しているのである。しかし同時に、藤樹は、権に中庸精微の矩、汲み取りがたい深く微妙な道理があることを強調し、仏教徒などのような狂見の徒に陥らないよう戒めているが、この点ではいまだ客観的な規範に従おうとする姿勢が残っており、格法主義の名残をみることができる。

『翁問答』は大洲藩のかつての同志のために書かれた関係から、士道について述べている部分が大きな比重を占めているのは当然のことといえよう。しかし、その筆のはこびに迫力があり、叙述に情熱がこもり、時にそれほどまでにと思われる表現もある。これらのことをあわせ考える時、武士を捨てたはずの藤樹が、武士に期待をつないでおり、士道を明らかにすることに使命観をもっていたことは明らかである。

## 武士とは（士道(1)）

さて藤樹は、『翁問答』でまず武士を士としてとらえる。士とは天子・諸侯・卿大夫・士・庶人の五等の身分のうちで、卿大夫を助けてさまざまな役職について政治上の実務を担当して、道の実現の一翼を担う身分である。ゆえに、士道とは明徳を明らかにし、仁義を行って、天下を泰平にすることである。

武士は、そのような身分と身分相応の職分にある者として、まず心がけなくてはならないのが、文武の統一である。世間では、気立てやさしく立ち居振舞いが優美なのを文といい、猛々《たけだけ》しくいかついのを武といっているが、それは大変な考え違いである。文とは、天下国家をよく治めて、人間関係を正しくすることである。武とは、悪逆無道の者が文の道をさまたげる時にこれを懲罰したり征伐したりして、天下国家の秩序を回復することである。文の道を実現するためにあるのが武道

藤樹像

である。武道の根拠は文である。しかし、文道も武道の威力によって実現し維持される限り、文道の根は武道である。すなわち文武は一徳であって、武なき文は真実の文でなく、文なき武は真実の武ではない。かくて、文は仁道の異名であり、武は義道の異名である。すなわち士道は文武の道であり仁義の道であって、これまで考えられてきた武辺や武道ではなく、儒教の説く君子の道なのである。武士は人倫の道の担い手として、農工商三民の模範とならなくてはならない。

しかし現実はなかなか理想のようにはいかない。現実の武士には上中下の区別がある。上の武士は、明徳が十分明らかで、名利私欲をはからず、仁義を行う勇気があって、文武兼ね備わっている者である。中の武士は、明徳が十分に明らかではないが、私利私欲に迷わず、名誉や義理を命がけで守る者である。下の武士とは、うわべは義理を大切にするようにみせかけて、心のうちでは私利私欲をたくましくし、立身出世に専念する者である。

武士の上中下の品を見分けるポイントは徳と才能と功である。徳は文武合一の明徳である。才能とは天下国家の政治を運営する文武両面にわたっての知恵・能力・技術である。功は国家を経営し、国難を打開し、国防を全うするなど、国政上の実績である。この三つを柱として武士の品を見分け、適切に処遇することが、主君たるものにとって是非とも必要である。

## 当世武士気質批判（士道(2)）

当時の武士の姿は、藤樹が描く武士の理想像からあまりにもかけ離れていた。それゆえ藤樹は当時の武士気質を厳しく批判せざるを得なかった。

まず武辺を尊び文を軽んずる武士の気風を藤樹は取り上げる。それは藤樹が大洲藩時代に苦しめられたものであるだけに、厳しい批判の対象となっている。

藤樹は、世間では何らの検討も加えずに、いつもいかめしく猛々《たけだけ》しく、ただ腕力沙汰に及んで人を殺す事をよしとするのを、武辺のたしなみと心得ているのは、あさましく嘆かわしい限りであるという。戦場や必要やむを得ない場合には勇猛に振る舞わなくてはならないが、平生無事の時には無益なことである。いざという時のためだといって、平生無事の時にも何かと進んで勇猛な振舞いをするのは愚かなことである。たとえば、それは戦陣のたしなみだといって、毎日よろいかぶとを着て生活するようなものである。日常ただ猛々しく振舞うことと、武芸を習い軍法を学ぶこととは別のことなのである。猛々しく腕力沙汰に及んで人を殺すなどは、かえって武辺のさまたげになる。そのわけは、勇猛で腕力に頼る人は、例外なく、他人を軽侮したり闘争心が激しいため、喧嘩して犬死にし、親や主君に大変な迷惑をかけてしまう。まことにあさましい限りである。たとえ喧嘩で圧倒的な勝ち方をしても、それはかみあいにつよい犬とかわることはない。

世間の人は心が暗いために、猛々しい人が武辺をすれば、武辺とは猛々しいことだと考え、文芸なき者が武辺をすれば、武辺とは無芸文盲だと早呑みこみする。中国をみてみよ。中国の士には無学文盲の者は百人に一人もまれである。それゆえ、大手柄を立てる大将、武辺強き侍は皆教養がある。ところが日本の武士には無学文盲が多い。そのために、文芸に親しみ学問に励むのは坊主・神主・公卿・医師のすることだという風習ができてしまった。

義　経

しかしわが国でも、たとえば源義経・弁慶をみてみよ。二人の文芸はともに当時の武士たちより優れていたではないか。武士に学問はもとより必要だが、たとえ学問に志がなくただ文芸ばかり習ったとしても、武辺のさわりになることはない。武辺と学問・文芸とを相いれないようにいうのは、文盲の武士が他人に文芸があるのをねたみ、自分の文盲の恥をかくそうとしてのごまかしである。文盲を自慢する武士たちも、せめて義経・弁慶の爪の先ほどでも真似することに努めれば、それ相応に名声も高まるであろう。かく藤樹は、当時のいわゆる武辺のたしなみに、断乎たる批判を加えているのである。

次に、主君を多く取りかえ知行をあげるのが立身だという当時の武士の考え方を、藤樹は槍玉にあげている。藤樹によれば、真の立身とは、才徳がありその職分を尽くし軍功を立てた結果、地位があがり知行が増えるのをいう。何の実績もないのに、コネを頼んだり、口先上手に取りいって、地位や知行をあげるのは商《あきない》立身といって、悪徳商人が手段を選ばず私利を追求するのと同じで、武士として恥じにくむべきことである。ところが、当世は商立身の上手な武士が時めくため、皆がうらやみあやかろうとして、われもわれもと真似をするため、次第に武士の風儀が汚なくなり、士道の吟味をかえって古風で時勢おくれだなどという始末である。これもひとつには、大名たちが口先ばかりの武士を大事にし、これまで実績を積んできた武士を粗末に扱うためである。大名衆も武士も正しく士道を検討して、武士として正しく行為するよう心がけなくてはならない。

## 武士と学問（士道(3)）

では当世風の誤りに陥らず、正しく士道を実践するにはどうしたらよいか。

すでにみたように、藤樹の説く士道とは文武の道であり、仁義の道であり、儒教の説く君子の道であった。したがって、武士はまず学問に励まなくてはならない。真の学問、すなわち儒学を学んで、明徳を明らかにするのが第一である。わが心のうちにある明徳が明らかになれば、文武は統一され、勇も仁義の大勇となろう。さらに、軍法・軍礼・武辺のたしなみ、そして士の作法などもすべて聖人の定めた天理であるから、儒学を学ぶことによって、それらを正しく理解し活用することができるようになろう。こうして、学問をすることによって、士道を正しく実践し、全うすることができるようになるのである。

ところで、人間には生まれつきの気質と後天的に身についた習性とからくる偏《かたよ》りがあるので、学問をする場合には、自分の主観に陥って迷うようなことがないように、客観的な準拠が必要である。そのために、武士は経典を読み、また儒学のよき先輩につかなくてはならない。そして、学ぶからには少しでも多く学ぶことである。真の学問は、私を捨て義理をひたすら心がけることを根本とし、進んで人倫の道を正しく実践し実現することをめざすのであるから、少しでも多く学んで、わが身に取りいれなくてはいけない。博学を誇る贋《にせ》の学問に対する批判から、多く学ぶ必要はないという人がいるが、それは真の学問と贋の学問との区別を知らないところからくるのである。経典を読むにもただ目で文字や文章を読んで覚え、先輩の話を聞くにもただ耳で聞き覚えるのでは、あれやこれやのことをただ広く知っているというだけのことであって、それは贋の学問である。聖人の書である経典は、その本意をよく把握し理解して、自分の心の鏡とするように読まなくてはならない。すなわち経典を読むにあたっては、心で心を読む真の読書でなくてはならない。先輩について話を聞く場合も同様である。これが真の学問というものである。武士の学問は常にかくあらねばならないのである。

## 主従道徳（士道(4)）

藤樹は、士道の退廃と主従関係の崩壊を嘆いている。なぜ主従関係は崩れたのか。その原因は大名の側にある。諸大名が、士を吟味するための古来からの正しい規準や方法を知らないためである。大名たちが私利私欲にさとく商立身の上手な武士を採用して重く用いるために、渡り奉公人が世にときめく一方で、代々仕えて多くの功労のあった武士はないがしろにされている。このために、武士の間に進んで渡り奉公人をまねる動きが生じ、正しい主従関係が崩れるようになったのである。

では、忠臣は二君に仕えずといわれているように、主君を絶対にかえてはいけないのか。これに答える藤樹は『孟子』（万章句上）を引用する。むかし中国で百里奚《ひゃくりけい》が虞《ぐ》の国を去って秦の穆公《ぼくこう》に仕え、宰相として大活躍した。孟子はこの百里奚の行動を、彼が賢人であったことの証拠として、是認した。この故事からすれば、主君をかえるのは士道でないというのは、一面的な狭い考え方ではないだろうかということになる。

このところをどう考えるか。藤樹にすれば、百里奚のように心がいさぎよく身も修まり名利をはかる欲心もなくて、その時の運や事の勢いでやむを得ず主君をかえるのは、古来の正しい士道である。その心が汚れ身が修まらず、立身をはかる欲心ばかりが先に立って、何の道理もなく、また別段やむを得ない事情もないのに主君をかえるのは士道ではない。

主君をかえないのが正しい士道だとか、逆に主君をかえるのが正しい士道だとか断定することは、皆迹になずむ誤りである。大切なのは、心がいさぎよく義理にかなうことである。そうであれば、二君に仕えないのも、仕えるのも、ともに正しい士道である。

藤樹は、主君も臣下たる士もともに私を去って、天下国家を治めて道を実現するために、それぞれの位において力を合わせなくてはならないとし、そこにまた正しい主従関係が成立するとした。そして、主従道徳はこのような正しい主従関係を前提として成立するのである。

孟　子

さて、臣下たる武士の側からして、二君に仕えるのも仕えないのも主君次第であるという、主従関係についての自由な考え方は、迹になずまないという形で、既成の硬直した主従道徳を否定する側面をもつ。幕藩体制が固まろうとし、二君にまみえずの主従道徳が強化されようとする時、藤樹の主従関係についての自由な考えは、時の流れに逆行する面をもっている。しかも、その考えは、自己の人格の完成と道の実現という藤樹の絶対的な目標と深く関連しているだけに、藤樹の考えと時代の大勢との間には妥協の余地はなかったといえよう。藤樹が脱藩したこと、そしてまた二度と仕えることがなかったことは、この間の事情を象徴しているといえよう。

これまでくわしく藤樹の士道についての考えをみてきたが、それは内容的には儒道に則って道の実現をめざす人間の理想のあり方であった。しかし、その士道は実際的には当時の歴史的、社会的現実と相いれない道であった。それだけに、『翁問答』で藤樹は、一方では理想としての士道を情熱をこめて懇切丁寧に語り、他方では当時のいわゆる士道を激しく批判し攻撃せざるを得なかったのである。『翁問答』における士道の比重が大である理由のひとつはこの点にある。

### 『翁問答』の思想的意義

『翁問答』をくわしくたどってきたが、本書の思想は、どのような特徴と意義をもつかを考えてみよう。

本書の主題は、士道を中心とする人間の道の解明であった。そして、本書のめざすところは、この主題について、外的規範に対して内的な心情の声を生かす立場からの解答を示すことであった。藤樹は本書において、一一歳学に志して以来の多年の思索と体験の総決算を試みている。その点で、本書はまた藤樹の中期の姿を示すものでもある。

では、いかなる中期の藤樹の姿があらわになっているのか。まず、士に己れを位置づける藤樹の姿をみることができる。本書が大洲藩の同志の要請によって書かれたとはいえ、士に関する部分の質量における重さは特筆に値する。このことは、藤樹が自己を士の身分に位置づけ、その中に自己の人生とその使命を見いだしていることを示すものである。藤樹は大洲藩を命がけで脱藩し、武士の身分を捨てたのであるが、それは形のうえのことであって、むしろ脱藩すら士としての己れを全うしようとするためであった。その藤樹は、いわゆる士を、当代の武士とは違って、儒学のいう士に典型を求めた。この立場から、藤樹は、当代の武士をてぐろ上手（かけひき上手）、武辺、商立身の渡り奉公人などと批判したのである。そして藤樹は、典型としての儒学の士について、その外的な行為よりは、そのもとになっている内面的な心のありようを、士道の核心として把握しようとしている。それは、同時に、藤樹にとって、彼自身のあるべき姿でもあったのである。

次に、士道を中心に示された人間のあり方について、藤樹はいかなる立場をとったか。藤樹は、武士として理想と現実、心と迹、内的心情と外的規範などの対立矛盾に苦しみ、この解決を自己の課題とした。藤樹は、朱子学をよりどころとして出発したことから、必然的に朱子の厳粛主義に立ったのであるが、現実の体験を通して、それからの脱却の方向をたどるようになった。『翁問答』で、この方向は、朱子への批判を通して、権の道、心迹の論、時処位の論、愛敬としての孝の強調、心学の主張などに展開されている。そこには、聖賢の教えにとらわれていたことへの反省の結果、心情の重視へ大きく傾いている藤樹の姿勢が、浮きぼりにされている。

しかし、心情への傾斜は藤樹に新たな苦悩をもたらす。心情の重視は、藤樹が狂見の徒と批判した仏教徒、とくに禅の信奉者のあり方へと陥る危険を常にもっている。この危険の前に、『翁問答』

の藤樹は、朱子を批判脱却しようとしながらも、朱子の立場にひかれ、客観的な規範を無視するわけにはいかなかった。これまでの藤樹は客観的な規範になずむことに悩んだが、『翁問答』の藤樹は心情主義に立とうとして悩んでいる。たとえば、「中庸精微の矩」などの表現はその苦辛のあらわれであるといえよう。理想と現実、心と迹、心情と規範の分裂対立の間に、藤樹は相かわらず苦しんでいるが、しかしその立場はこれまでと違ってきているのである。

藤樹は、『翁問答』を書くことで、以上のような自己の姿を明らかにした今、格法主義へ戻るのではなしに、心情主義の立場をいかにして確立するかが、当面の課題となる。すなわち、藤樹は、心学成立の根拠を積極的に探求し把握しなくてはならない。こうして、『翁問答』以後のさらに一段と厳しい困難な、しかし最終的な摸索探求の時期を、藤樹は迎えるのである。

# III

# わが人生ついに空しかるべきか

## 『孝経』の研究進む

『翁問答』は、人間のあり方について、生き生きと明快に、誰が読んでもわかるように書かれている。それなのになぜ藤樹はその刊行を許さなかったのか。この質問に、藤樹は以下のように答えている。

### 『翁問答』改正の意図

『翁問答』執筆当時は、自分の学問はまだまだ不十分なものであった。それなのに、聖人の道が行われていないのを嘆いて、まず学問を何とか正したいという気持ちが先に立って、表現が行き過ぎ議論が極端になってしまった。そのために、読者が自分の本意をさとらないと、かえって、極端に走り、負けん気ばかりが強くなって、他人とうまくいかなくなる心配がある。世の中に益がないばかりか、人を害《そこな》う虞《おそれ》があるので、改正したいと思い、刊行させないのだ、と。

ではどんな箇所が問題なのか。藤樹は、第一に、儒教と仏教の扱いが、理論的に不十分であり不正確であることをあげている。儒教に関しては、藤樹は『翁問答』では朱子学を抜け切っていないが、やがて脱却して世に日本陽明学の祖といわれる境域にまで進み、仏教に関しても、否定的な評価が変化し、理解を深め接近するようになるのである。

第二は、上巻を『孝経』に感激して書いたために、孝の字をむやみに使いすぎており、内容的には『孝経』の主旨に合ってはいても、もっと整理する必要があるという点である。

第三は、どう実践したらよいかについて、説明が不十分であり不親切なことである。『翁問答』は、人に訴えようとする意気込みが先走ったため、世の中の有様をいきどおり、時代の弊風を心配する人が読んだならば、興奮して立ちあがろうとする気持ちになることもあろう。しかし、実行にあたって、心のあり方や心くばりの詳細、また実際行動の具体的な内容と順序などについては、十分に論じつくしてはいない。そのために人を誤らせる心配がある。

以上述べた理由から、藤樹は『翁問答』をごく一部の弟子に示したにとどめ、早速改正を意図したのである。しかし、改正の仕事は、『翁問答』著述の完了を境にしてさらに自己の学問を大成しようとして苦心しはじめた藤樹にとっては、病苦も重なって容易なことではなかった。

そうこうするうちに、寛永二〇年、藤樹三六歳の時に、ひそかに『翁問答』を入手した出版業者が無断で刊行した。これを知った藤樹は直ちにこれを破棄させている。

それにもかかわらず、改正の仕事は、彼自身の学問の境地の進展と彼の病弱とのために、ごく一部にとどまった。すなわち、下巻の一部が藤樹三九歳の冬と四〇歳、死の前年の春に、上巻の一部が四〇歳の冬に書き直され、今日に伝えられている。

### 伊勢神宮参拝

思索に、著述に、門人の指導に多忙な中を、藤樹は寛永一八年の夏、二、三の門人と伊勢の皇太神宮に参詣した。

藤樹は、低い身分の者が貴い身分や地位にある人に近づくのでさえ恐れ多いのに、まして神ともなればむやみに近づいてはならないと考えて、これまで伊勢参りをひかえていたということである。学問の境地が進み、士・庶人にもまた神を祭る礼があることを、藤樹は知った。そこで、天照大神は日本を開かれた祖なのだから、日本人たる者は一度は参拝すべきだと気づき、伊勢参りをしたのである。

この時、藤樹は次の詩を作っている。

充華孝徳続《イテ》無レ窮　正ニ与二犧皇一業亦同《ジ》
黙禱《ス》聖人神道《ノ》教　照二臨《シタマエ》六合一ニ太神宮

伊勢皇太神宮

天照大神はそのすぐれた徳によって、この国土と人民のうえに限りなく恩恵をたれ給うている。それは、まさに伏犠《ふぎ》（中国古代の聖天子で、はじめて民に漁猟牧畜を教え、八卦を描き、文字を作ったといわれている）の偉大な業績に匹敵する。今伊勢神宮に参拝して、この聖なる天照大神の示された神道の教えに静かに思いをはせている。どうか天照大神よ、全世界を照らし導き給え。

この詩では、天照大神が伏犠にくらべられ、その教えは聖人神道教と呼ばれている。藤樹は、わが国の神道を儒教にもとづいて理解し把握している。このように、中国と儒学にもとづいて理解し把握しようとする藤樹の態度は生涯一貫している。『翁問答』では、四書・五経、さらに十三経をと中国古典を駆使し、『四書大全』『孝経大全』『性理会通』『王龍溪語録』などの注釈書を活用している。これに対して、わが国の書物は『甲陽軍鑑』の名があるのみで、それも批判の対象となっている。人名も、義経・弁慶・楠正成・武田信玄などで、極めて少数かつ武将に限られ、中国関係が孔・孟をはじめ有名無名の儒家から老荘などにまで及ぶ、その多彩多様さとは比較にならない。

武田信玄

このような藤樹の中国中心の態度は、かつて国粋的な立場から、疑問を投げかけられたことがある。これに対して、ことさらに藤樹の愛国心や敬神の念を強調して、聖人藤樹を擁護しようとする議論が行われた。まことに愚かしいことである。

藤樹は、わが国の古典や歴史、広く文化に対して無知ではなかった。たとえば『鑑草《かがみぐさ》』は、『伊勢物語』『大和物語』『沙石集』などからの引用を含んでいる。だが、藤樹のわが国の歴史や文化についての理解の程度はうかがうすべがない。

人間の道について、藤樹の目を開かせたのが、中国儒学の古典であり、藤樹に思索の素材を提供したのが中国の経典であった。それゆえ、藤樹の関心がわが国の古典や文化よりも、中国のそれらに向かったのは当然といえよう。それを、民族的な、国粋的な立場から云々することは見当違いも甚しい。大切なことは、藤樹にとっては、人の道と真の学問を明らかにし、それを今の世に行うことのみが関心事であったということである。

## 『孝経啓蒙』なる

藤樹の『孝経』の研究は『翁問答』にみごと開花した。『孝経』に肝銘《かんめい》した藤樹は、引き続いて『孝経』を読む人々のための手引きを書こうとした。だが病のためにのび、翌寛永二〇年三六歳の時ようやく書き上げた。『孝経啓蒙』（篠原本）がそれである。

さて、藤樹が三〇歳『孝経大全』を読んで以来、『孝経』の研究に熱意を注いだのはなぜだろうか。

『孝経』は中国の戦国時代の末、ほぼ『荀子』と同じ頃に書かれ、孔子が曾子に孝道を説いたことになっている。孔子は「孝悌なる者は、仁の本たるか」と述べ、孟子も孝悌を重視している。孝は、基本的な家族道徳であり、家族制度や宗族制度が発達し重要な役割を果たしていた古代中国では、他の徳にまさる最も重要かつ基本的な徳であった。

ところが、古代中国の戦国時代は、封建制から郡県制への、地方分権から中央集権への過渡期であった。それゆえ家父長制と君主制とが対立し、孝と忠が対立するようになった。『韓詩外伝』にのっている、忠ならんとすれば孝ならず、孝ならんとすれば忠ならず、孝と忠の対立緊張に耐えかねて自殺した石他や申鳴の話は、この間の事情を物語っている。忠孝両全の困難な事態の中で、人はいかに生き、社会はいかにあるべきかを、急速に成長しつつある君主権力と君臣関係としての忠に対して、孝の意義と内容を普遍化することによって、孝と忠の関係を調整し両立させようとしたのが『孝経』である。

『孝経大全』は明の江元祚が、思宗帝の意を受けて、『孝経』研究を集大成した書物である。藤樹が感激したのは本書中の江元祚の自著「全孝図説」である。それは、『翁問答』にも名が出ている。全孝とは、父母に仕えることのみでなく、そのほか一切の道を孝と称するところから、親孝行と区別して、全孝というのである。全孝の思想は、『孝経』が拡大し普遍化した孝を、さらにその方向を進めたものといえよう。この全孝の思想のうちに、藤樹は自己の思想的閉塞を打破する光を感じて、『孝経』に取り組むようになったに違いない。そして、藤樹は、全孝思想を徹底して、孝一元論へ進んだのである。『翁問答』では、「万事万物のうちに孝の道理の備わっていないものはない」と述べ、「結局は明徳を明らかにするのが、孝行の本意」といっている。『孝経啓蒙』では、「大雅《たいが》に曰く、なんじの祖をおもうことなからんや、その徳を述べよ」の「祖」に註して、「祖は生の根本をさす。その意味は、わが身の本は父母である。父母の本をおし進めれば始祖に行きつく。始祖の本は天地である。天地の本は大虚（宇宙の本体）である」と述べている。『翁問答』は同じことばに続いて、「大虚神明の本体を明らかにして、人倫と交わり、万事に対応するのが、身を立て道を行うことであって、孝行の大本である」と述べている。藤樹がこのように理解した孝は、理・天理におきかえることができ、孝行は窮理・持敬にあたるものとなっている。

では、孝は、朱子の理におきかえられただけのものであろうか。藤樹が理といわずに孝といったところに注目する必要がある。藤樹は、孝を愛敬の心にもとづかせている。理が客観的な外的規範としての性格をもつのに対して、孝は内面的な心情にかかわるものとなっている。この頃藤樹は『孝経』を講読して、常に愛敬の二字を体験体得するよう説いている。理と孝の内容上の相違はあまりに大きい。理といわずに孝といったことは、藤樹自身の自覚がどの程度のものであったかを離れて、朱子学からの完全な脱却の足場を得たことになる。藤樹の悪戦苦闘も、彼自身の知らないうちに、今しばらくのところにきているのである。

## 本心を信ぜよ

人生の峠道にさしかかった藤樹は、次第に疑問を深めていた、聖人の教えをひとつひとつ厳格に守り従う格法主義に対して、ここに至ってはっきりと、その間違いであることを言明するようになるのである。

『孝経啓蒙』を書こうと志した頃のことである。藤樹は、これまで朱子の註を尊重し信頼して、これに従って経典を研究し、また、『小学』(朱子の指示を受けた門人劉子澄の著)に書かれている聖賢の説き示された教えを門人に守らせ、聖人に至るための工夫とした。ところが、門人たちは、この結果、聖人の個々の教えや規範にとらわれ、次第に融通がきかなくなり、気持ちに余裕を失って、かどが立ち、仲間のつき合いもうまくいかなくなってしまう始末であった。そこで、ある日藤樹は門人に次のように話した。

「自分は永らく規範を厳守してきたが、近頃ようやくそれが間違っていることに気づいた。聖人の教えや規範を厳守しようとする志は、名利を求める志と同一視するわけにはいかないが、人間の本性がそのまま生き生きと働く本来の姿が失われる点では同じである。であるから、ただわれわれは、聖人の教えや規範にひたすら頼りきる気持ちを捨てて、進んで、自分の本心を信じて、迹になずんではいけない。」

藤樹にしては大変思い切ったことばである。それは、門人に対していわれたのであるが、むしろ、藤樹が自分自身にいいきかせ、納得しようとする姿を、そこにみるおもいがする。

# 藤樹と蕃山の出合い

藤樹が生涯の峠道にさしかかり、営々として辛苦していた時に、熊沢蕃山《くまざわばんざん》の来訪を受けた。

## 熊沢蕃山の来訪

熊沢蕃山（一六一九〜一六九一）は陽明学派の代表的儒者のひとりとなった人物である。荻生徂徠《おぎうそらい》は「この百年来の大儒者は、人才では熊沢、学問では仁斎である。自分などは取るに足りない」と述べており、蕃山は江戸前期の異色の傑出した経世学者である。

蕃山は、元和五年、京都の稲荷の近在に仮住まいする牢人の子として生まれた。寛永一一年というと藤樹が生死をかけて脱藩した年である。この年一六歳の蕃山は、備前岡山の池田光政に仕えることとなった。児小姓役として重く用いられた蕃山は、武士として己れを全うしようとして、身体の鍛練と武技の練磨に懸命に精進したのであった。

ところが、この蕃山に転機が訪れた。蕃山二〇歳の時のことである。前年に島原の乱が起こり、この年寛永一五年二月参勤して江戸にいた光政は、島原出陣の命を受け、急ぎ岡山に帰った。蕃山は元服前であることを理由に江戸に残された。武士としてこの日のために練磨に励んでいた蕃山

島原の乱（原の古城）

にとって、これは耐えられないことであった。ひそかに岡山に帰り、従軍を願い出た。だが、三月には島原の乱も終わり、光政は出陣に及ばずにしまった。

この事件が転機となって、蕃山は、時勢はもはや単なる武辺を必要とせず、文武兼ね備わることを求めているのに気づき、武骨一辺倒であったことを深く反省し、学問への志を立てたのである。

早速蕃山は願い出て辞任し、祖母の里である近江の桐原に帰った。桐原には島原の乱に従軍して傷ついた父がおり、蕃山はここで父から兵書を学び、日夜刻苦勉励して病気になったほどであった。

寛永一七年二二歳の蕃山は、朱子の集註で四書をはじめて読み、非常な感銘を受け、学問への志を一段と固めたのである。蕃山は師を求めて翌年二三歳の秋、京都に出た。

しかし、よき師にあえず、旅先の宿屋にこもってうつうつとしていた。この時たまたま同宿の者から、近江の小川村の藤樹の噂《うわさ》を聞き、蕃山は直ちに藤樹を訪れて入門を願ったのである。

## 加賀の飛脚の話

蕃山が京都の宿で聞いた藤樹の噂《うわさ》とは、どんな内容だったのだろうか。藤樹の人柄を知る参考になるので紹介しておこう。

蕃山の当の同宿者というのは、大名の公金を京都へはこぶ加賀の飛脚であった。蕃山の耳に入ったのは、この飛脚のつい先頃の体験談であった。

加賀の飛脚が大金弐百両を預かって京都へ上る途中、河原市《かわらいち》（滋賀県高島郡新旭町大字安井川）から榎《えのき》の宿《しゅく》（滋賀郡志賀町大字和迩中《わになか》）まで馬を使った。宿に入ってから、その預かった大金を紛失してしまったのに気づき、飛脚は色を失い周章狼狽、わが一命はもちろん、親・兄弟にまで罪が及ぼうと悲嘆にくれていた。そこへ先ほどの馬方が訪ねてきた。馬方は、帰って鞍をといたところ、大金二百両の入った財布が出てきたので、大いに驚き、お客様のではないかと届けてきたのであった。

飛脚は思いもかけないことに、よろこびのあまり、窮境を救われたお礼の気持ちと、一五両を取り出して渡そうとした。ところが馬方はびっくりして、あなたの金をあなたが受け取るのに、何で礼がいろうかといって、何とか説得しようとしても、手にふれようともしなかった。やむを得ず、一〇両・五両・三両とへらし、ついに二分《にぶ》にして、飛脚は自分の気がすまないのでどうか取ってくれと頼んだ。馬方はやむなく、それでは、休むところをここまでかけつけたので、手間賃として銭《ぜに》二百文だけいただきますといって、それを受けると、その金で酒を買い、宿の人たちと一緒に飲み、よい機嫌になって帰ろうとした。

飛脚はつくづく感心して、馬方に一体どこのどういう方ですかとたずねた。馬方は、自分はとるに足らない馬方で、学問もありませんが、ただわたしの近くの小川村に藤樹という先生がおられ、毎晩講話をなさっています。私も時々行って聞いています。藤樹先生は、人の道を説かれ、無理非道を行ってはならないと、つねづねお話になります。それで、今日も自分のお金でないのでお届けにきた次第です、ということであった。

飛脚は九死に一生を得て、役目を果たして、京都のいつもの宿にとまり、このたびのことを驚きと感動をもって、宿の人々に語り、再会をよろこんだのであった。

この飛脚の物語をたまたま蕃山が聞いて、この人こそ、自分がたずね求めていたまことの学者であると、翌日直ちに小川村の藤樹をたずねたのである。

馬方又左衛門屋敷跡の碑

この馬方又左衛門の話は、橘南谿《たちばななんけい》の『東遊記』にのっている。橘南谿は藤樹没後百五年の宝暦三年（一七五三）伊勢に生まれ、はじめ儒学を学んだが、父を失い家が貧しいため志を転じて、医術を学んだ。天明二年三〇歳の秋より医学修業のため前後五年にわたる全国巡遊の旅に出た。その途中、天明五年三三歳の時東遊の途上藤樹書院に立ち寄っている。後にこの旅行の記をまとめたのが『東遊記』である。

蕃山は、はじめて本格的な教えに接する機会をつかんで、期待と緊張に胸をおどらせて小川村に向かった。寛永一八年八月、藤樹三四歳、蕃山二三歳の時のことである。

## 人の師たるに足らず

蕃山は藤樹に入門して教えを受けることを乞うた。藤樹は、蕃山の志の真偽がわからないといって、そのたっての願いを受けつけなかった。蕃山が門前を去らず二夜を過ごすに至って、その熱意と、それをあわれんだ母のすすめに藤樹が動かされ、蕃山はともかくあうことができたが、なお教えを受けることはできなかった。しかし蕃山は屈せず、なお藤樹を慕ってその冬再び藤樹を訪ねて、入門を懇願して動かなかったため、ついに藤樹は蕃山の熱誠に感じて入門を許したのであった。

それにしても、なぜ藤樹は、このように蕃山の入門を渋ったのだろうか。『先哲叢談』はその理由を、「人の師たるに足らず」ということにあったとしている。

それは一体何を意味するのだろうか。藤樹の謙虚な人柄から出たものともいえようが、その固辞ぶりは他の場合にくらべて異常である。藤樹のうちに「人の師たるに足らず」といわせる痛切な体験があったはずである。

すでにみたように、藤樹は『翁問答』執筆を機に、思想的な転機を迎え、蕃山来訪の前年には『王龍渓語録』に触発され、蕃山入門の年には迹になずむことの誤りであることを悟って、門人にもそのことを諭している。同時に『孝経啓蒙』を計画している。この時期の藤樹は、道を求めて新たな辛苦精進の日々を送り、その思想的な動揺は、藤樹に、人の師たるに足らずの思いを強くいだかせたのである。

しかし、それは、蕃山にとっては、藤樹を日新の学者として強烈に印象づけたようである。蕃山は後日、藤樹から直接に、一旦学び得た学をそのまま不変の真理とすべきでないこと、今日は昨日の非を知るべきであることを学んだと述べている。

さて、藤樹がなくなる年の三月に池田与兵宛の書簡に、次の有名な一節がある。

「私は深く朱子学を信じ、長年の間工夫努力をしてきましたが、入徳の効もおぼつかない有様で、学問に疑いを生じ、何の感激もなく、学問への意欲を失いがちでした。丁度そのような時に天道の恵みでしょうか、『陽明全書』という書物が手に入り、熟読しましたところが、私が疑いをいだいていた丁度そのことについて、いろいろと論じられていたので、ふるいたち、少しは入徳の手がかりが得られたようにおもわれました。これこそわが人生最大の幸福であり、このよろこびは何ともことばにいいあらわせません。この一助がなかったならば、私の一生は空しく終わってしまうところだったのにと、有難く思っています。……」

この書簡は、『陽明全書』入手以前の藤樹が、入徳の効おぼつかなく、此の一生を空しく終わるのではないかという深刻な不安をいだいていたことを物語っている。この深刻な不安をいだく藤樹が、人の師たるに足らずと考えるのは当然であろう。蕃山の入門を固く拒んだことは、藤樹が当時生涯の重大な転機にあったことのあらわれといえよう。

## 師弟の間柄

入門を許された蕃山は、藤樹の厳しい学問的求道の精神にふれ、その精進ぶりに接して、学問への志をいよいよ鼓舞されたことであろう。そして藤樹は、蕃山の学問への熱意に感じて、真の知己をもって遇したのである。

寛永一八年九月から翌年四月まで、蕃山は藤樹から『孝経』『大学』『中庸』を学んだ。藤樹は、朱子学的な規範中心の厳粛主義を批判して、わが本心を生き生きと働かせる心法の立場からの創意工夫の講義を行って教えたことであろう。

短い八か月の間に蕃山は、日に新たにする厳しい学問的態度と心法の学を学びとったのである。そして、寛永一九年二四歳の四月蕃山は一家の生計をはからなければならなくなって、桐原へ帰っていった。

帰郷にあたって、藤樹は「熊沢子を送る」の詩を賦《ふ》している。

「詩経に、広大な天は父母とある。だから世界中の人間は皆兄弟である。だがその交わりをみると、人格的な深い交わりを結ぶ者もあり、うわべだけの利害得失で交わる者もあり、互いに縁のない人もある。しかし私と熊沢君とは真に人格的、人間的な交わりを結んだといえよう。自分には、

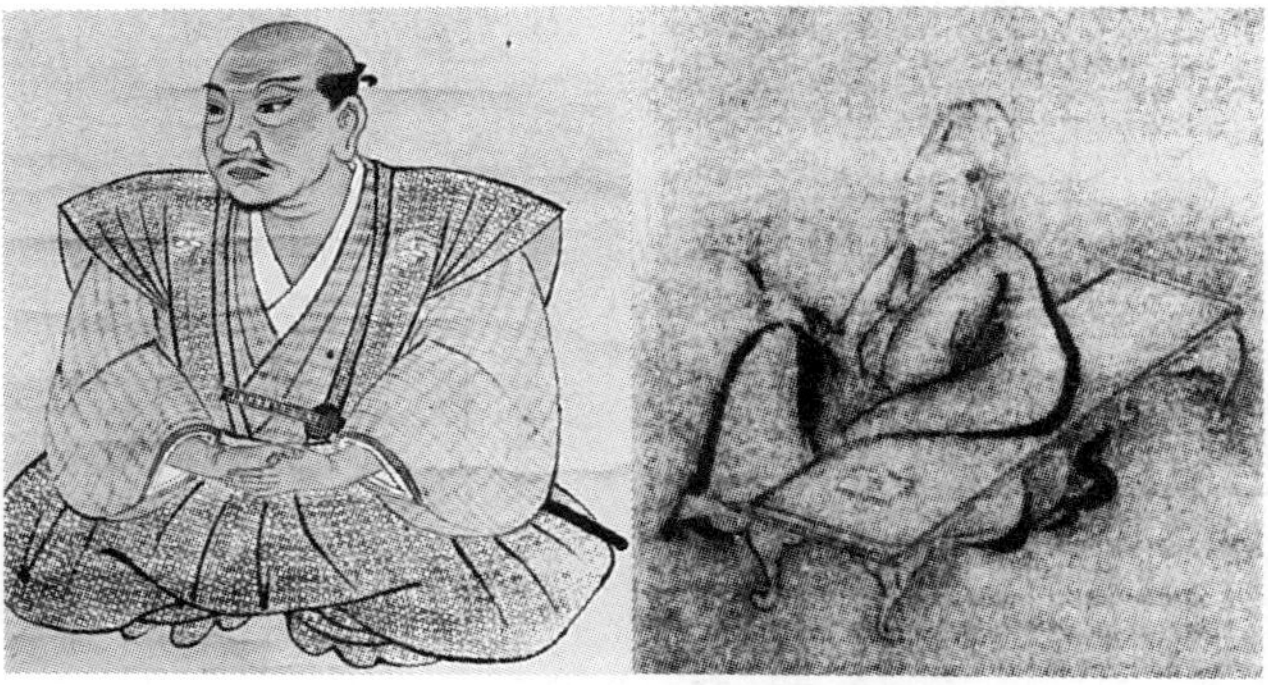

藤樹（左）と蕃山（右）

『論語』の「徳は孤ならず」というような徳はないにもかかわらず、寛永一八年の秋何の間違いか有能な熊沢君の来訪を受け、そのまま相識る仲となった。これも、気心の相通じ合うべき運命の下に二人がいたということであろう。であるから、学習し討論し合い、心と心がとけあって、うれしいことには、友として、互いに人間としての完成をめざして励まし、意気投合して助け合うことができたのである。今『中庸』の講読が終わって熊沢君は帰省することになった。そこで『中庸』の要旨を詩に賦してはなむけのことばとしよう。

淵鑑《えんかん》惟《こ》れ幸いなり

動いて動なく静にして静なることなし

無《む》倚《き》円神《えんしん》未発の中《ちゅう》

慎独の玄機必ず是に於てす

上天の載《こと》も自ら融通

淵は流れていながら動いているようにはみえないし、動いていないようでも静止していることはない。人間も、淵のように、偏《かたよ》ることのない円満な本心が、適切に振る舞えるよう、内にいつも生き生きと働いていているようにすることが大切だ。ここにこそ独りを慎むことの奥深いわけがある。独りを慎み未発の中を養っていけば、人は宇宙の営みとおのずと一体となる。」

前文で藤樹は、蕃山を性命の友と呼び、心を許し合う輔《ほ》仁《じん》・莫《ばく》逆《ぎゃく》の間柄といっている。「輔仁」の出典は『論語』（顔淵篇）「君子は文を以て友を会し、友を以て仁を輔《たす》く」であり、莫逆は『荘子』（大宗師篇）「四人相視て笑う。心に逆らう莫し。遂に相与に友とす」である。輔仁は、親友が互いに仁の徳の成長を助け励まし合うをいい、莫逆は、互いに心に逆らうことなく意気投合するのをいう。

藤樹は全力を尽くして、その時の成果をひっさげて蕃山に教え、蕃山もまたむさぼるように師の教えを受用したのである。その間柄は師弟の関係をこえて知己の関係となり、藤樹と蕃山とは熱意と気迫を互いにぶつけ合い、互いに力となり合って自己を啓発していった。そして藤樹は生涯の峠道を進み、蕃山は心学確立へ大きく一歩踏み出し、経世家としての内実を整えはじめるのである。

このような師弟の間柄を理想として称揚し、吉田松陰は次のようにいっている。

「みだりに人の師となってはいけない。またみだりに人を師としてはいけない。必ず真に教えるべき事があってこそ師となり、真に学ぶべき事があってこそ師とすべきである。熊沢了介が中江藤樹を師とした例は、師弟ともにそれぞれの道理を得ているということができる」と。

二人は別れた後も、文通をかわして、蕃山は教えを受け、藤樹は指導し激励している。後に藤樹が王陽明に接して決定的な転機を体験し、蕃山に心法の体認を説いた時、蕃山は師のこのすすめに従って、三年の間書物を読まずして、ひたすら心法をねったという。蕃山がいかに藤樹の教えに徹しようとしたか、そのひたすらな姿が浮かんでくる。

桐原に帰った蕃山は、母と二人の弟と三人の妹をかかえて定職もなく、ゆりこぞうすいを主食に、ぬかみそを菜にして、汁・肴《さかな》・酒・茶などなく、清水紙子・もめんぬのこで寒さを防ぐという窮迫した生活を送りながらも、書に親しみ、学問に精進したのである。

困苦の数年を耐えて、正保二年（一六四五）蕃山二七歳の時、池田光政に招かれて再び出仕し、正保四年には禄三百石を食《は》むようになった。藤樹没後、蕃山は藩政に参画し、三八歳ゆえあって辞任した後もその名は高まり、類まれなる経世家としての才を発揮するに至るのである。晩年、貞享四年一二月幕命により古河《こが》城の東南隅にある竜崎頼政の屋敷に幽閉され、元禄四年（一六九一）八月一七日その数奇な生涯を終わっている。

吉田松陰

## 心学を唱える

藤樹が、学問について自己の構想の展開を試みながら蕃山に教授した心法の学、心学についてふれておこう。

### 心学に志あり

藤樹は、朱子学に触発され感銘して朱子を尊信したが、やがてその格法主義に疑問を生じた。ここに藤樹の心学への転換がはじまる。聖人をみるに、その行為は自由自在で何らのとどこおりもなくしておのずから理にかなっている。そこには、聖人に具現されている中庸精微の心が働いている。この聖人の心こそが疑問を解く鍵であると藤樹は考えた。こうして藤樹は心学を志すのである。その指標としては、藤樹が三一歳五経を読んで感得した体験をあげることができよう。そして、『論語』(郷党篇)を読み、『論語郷党啓蒙翼伝』をまとめることでその方向が定まってきたといえよう。

丁度『翼伝』の構想が熟した頃である。寛永一七年藤樹三三歳を迎えた元旦、藤樹の詩に門人の谷川寅が次のように和韻している。

邪説喧豗《けんかい》未だ新たならず
世人却《かえ》って五倫の真を厭《いと》う

間違った教えが勝ち誇ってわがもの顔で横行しており、天命はまだ新たになっていない。そのため世人は、人間と人間関係の真実のあり方を思い誤って嫌っている。その中にあって、わが

藤樹先生は世間を抜きん出てただひとり心学を唱えはじめられた。天下の儒風も、これからは、あらたまっていくことであろう。

挺然《ていぜん》独立心学を発す
天下の儒風此より春ならんとす

この詩からみれば、藤樹がこの頃心学を宣言し、門人たちの間にそれが世に行われることを期待するようになっていたらしい。

この年に『翁問答』が書きはじめられる。『翁問答』には心学の語がしばしば使われている。たとえば「聖賢・四書・五経の心を鑑《かがみ》として、自分の心を正しくすることは、はじめから終わりまでことごとく心の上の学問であるから、真の学問は心学ともいう」とある。そして、心学は凡人が聖人に至る道だと述べ、「真儒の心学」という語を使っている。『翁問答』にみられる多くの用法は、いまだ具体的な内容を明確にしておらず、心の学問の何たるかを暗示することば、学問の方向性を示唆することばとして使われているに過ぎない。

ただ内容にいささかふれるかと思われるのは、『翁問答』(下巻之末)の「権」の思想を述べている箇所である。ここでは、堯舜の禅授《ぜんじゅ》、湯武の放伐、周公の吐握《とあく》、孔子の恂々便々《じゅんじゅんべんべん》をあげ、権の外

に道なく、道の外に権なしとして、権の字の精義を知らなくて、心学に志しても結局は法になずむことに終わってしまうと述べている。しかし、ここも、聖賢の自由無礙《むげ》の心の働きと行為が、おのずからにして妙を得て理を得て道に合していることを強調し、その聖賢の心を明らかにすべきことが強調されているのであって、聖賢の心の中味にはいまだ立ち入っていないのである。

だが、学問の狙いの定まった藤樹は『孝経』の研究に入って、いよいよ本格的に心学を内容化すべき時期を迎えるのである。

**心の本体は愛敬的**

『翁問答』を書き終え、『孝経』の研究が『孝経啓蒙』に結晶しはじめ、その間蕃山との出合いがあり、そして朱子批判から朱子の否定へ、格法主義の否定へと進み、自己の思想的転換を試みて苦辛と多忙の中に藤樹は充実した日々を送り迎えして、寛永一九年三五歳の元旦を迎えた。

藤樹はその時の感懐を詩に賦している。まずその序文に次のように述べている。

「自分はかねがね心学に志をもっていた。小川村の藤の樹の下の草庵で、同志と互いに切磋《せっさ》琢磨《たくま》して幾年かが過ぎた」と。

その元旦の詩は次のようにうたわれている。

徒《いたず》らに外に従って文章を認むるなかれ

梅白桃紅は春色の常なり
緑に非ず青に非ず　礼葉盛なり
濃からず淡からず　花香を楽しむ

この年の夏、篤学の門弟中川謙叔が大洲に帰国するにあたり、餞別の詩の序に次のように述べている。

「別れにのぞんで、全孝の心法を詩に賦すが、その根本は声にもあらわれない、形にもあらわれない愛敬にあることを知ってほしい」と。

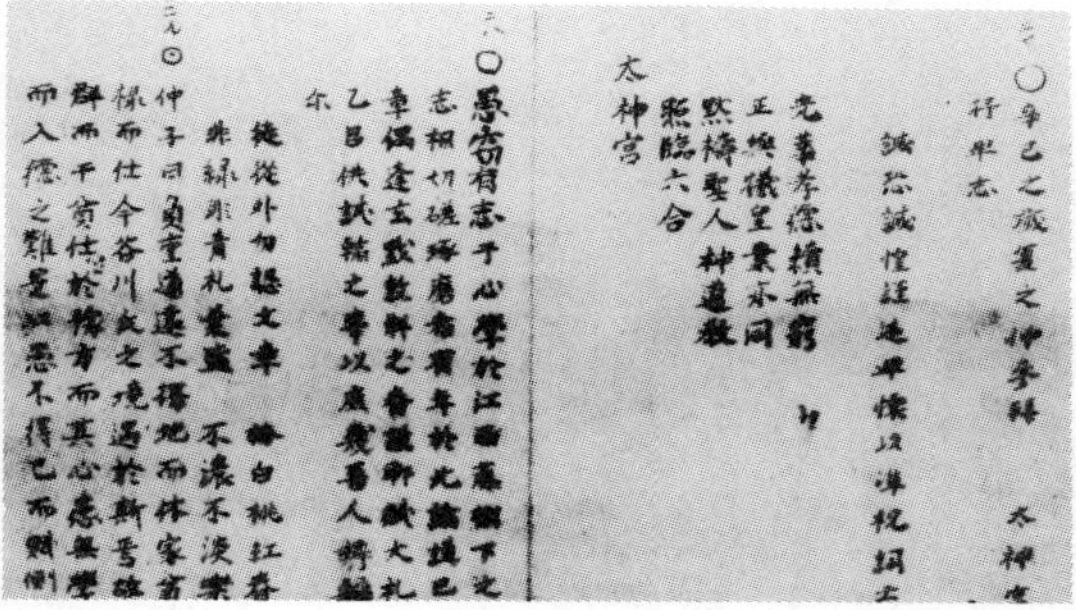

太神宮準祝詞と壬午歳旦の詩

この年、この「愛敬」の語が藤樹のうちに大きな意味をもってきたのである。この年は、前年から志した『孝経啓蒙』が書かれており、『孝経』の考究に専念した藤樹は、心学の確立をめざして歩を進めていた。そして藤樹は門人との『孝経』の共同研究の中で、常に「愛敬」の二字を示しては、『孝経』の根本精神を門人たちに体得させようと努めた。

藤樹が門人に理解してほしいことは、人間の心の本体は愛敬という働きと深く一体であるということであった。丁度水が低くしめったところへと流れ、火が乾燥したものにつくように、人間の心は本来他人に対してはおのずから愛敬する心となって働くのである。人々が実際に経験するのはこれとは違っているが、それは、われわれが、後天的に身につけたさまざまなものに邪魔されて、心の本体のありのままの働きをくらまされているからである。人の本心はこのようにくらまされていても、なお親を愛し兄を敬う心は誰でももっており、また赤ちゃんをみては可愛らしくて自然にいつくしむ心がわきおこってくるものだ。このことからすれば、愛敬の心の本体は決して滅びてはいないし、事実それはその時々に発現しているではないか。だから、人は誰でもこの本心を自覚して育てのばし、十分働くようにすれば、聖人の心に至ることができるのである。

藤樹はこう門人に説き、門人を励ますとともに、自分をも励ましたことであろう。そして、この愛敬の二字を手がかりに、真の学問としての心学の内容を明らかにしようとして、藤樹は一方では大胆な前進を試みつつ、他方では俗儒や雑学に陥り、ついには入徳に至らず空しく人生を終わるのではないかの危惧をいだいていたのである。

## 峠道を登りつめて

藤樹の心学の主張は、次第に積極的になるのであるが、それが世に行われることを期待した門人を通して、世間にも知られるようになったらしい。

藤樹三六歳の寛永二〇年の秋、中西常慶が訪ねてきた。彼は藤樹の学問が世間一般の儒者の説くところと異なっていることを聞き、藤樹が一体何を説いているのかと疑いをいだき、それを確かめてみようと思って来訪したのである。藤樹はこの冬『詩経』の講読をはじめ、常慶はその席に参加した。そして藤樹の心学の主張にじかに接し、その説くところに大いに驚くとともに感服して、常慶は入門し弟子のひとりとなったのである。

中西常慶入門の話は、独断のおそれにたゆたいながらも藤樹が説く心学が、聞く者の心を打つほどに充実してきたことを示しているといえよう。

こうした充実ぶりは、藤樹における新しい学問の成立の時が目前に迫ったことを示している。しかし、その新しい学問の成立・形成のためには、その内容が藤樹の独断でないという保証が必要であった。その保証は、中国の聖賢によって与えられなくてはならなかった。そして、中国の古今の典籍を精力的に講読し続ける藤樹にとっては、その保証に出合うことは時間の問題といってよかろう。藤樹三七歳にして、その時機が到来するのである。

## 『鑑草』を著す

寛永二〇年藤樹三六歳生涯の峠道を登りつめていた時のことである。以前書いた『翁問答』はすでに心にかなわない箇所があって、藤樹は門人にも示さず、改正を志していた。ところが、出版業者がどこからか原稿を入手して、この年無断出版しようとした。このことは幸いにも耳に入り、藤樹は早速それを破棄させた。出版業者はすでに版木を完成し

『鑑草』挿画（元氏妻謝氏価を偽る）

て印刷するまでになっていたため、大変な損を蒙り、藤樹に泣きついてきたらしい。藤樹は気の毒に思い、それにかわるものとして、それまで折々書きつづっていた原稿を『鑑草』と標題をつけて渡している。

『鑑草』は婦女子のための教訓をつづっている。それは、孝とか、節操を守るとか、八つの主題を掲げて、まずその主題についての一般的な解説を行い、次にその主題に関する故事をあげ、さらにそれについて藤樹が論評を加えるという形式で書かれている。

引用されている故事のほとんどは中国のものである。中でもその大部分は『廸吉録《てききつろく》』から引かれている。この書名は「廸《みち》に恵《したが》えば吉、逆に従えば凶」（『書経』）からきており、その内容は、古今の善人悪人の実例を引いて、因果応報の理を説き、勧善懲悪のための教えを述べている。その著者は明の顔茂猷《がんもゆう》で、一六三一年に刊行されている。この刊行の年は藤樹二四歳の時である。今さらいうまでもないが、この例でもわかるように、泰平の世がようやく開けはじめた江戸時代初期に、湖西の片田舎小川村に隠退し独学の身でありながら、藤樹は古典はもちろん『廸吉録』のような最近の本を入手し、メモを取りながら読み、わがものとしていった。藤樹のこの向学心と努力には頭のさがるばかりである。便利で豊かな時代に生きるわれわれは、人生の知恵を高めるために、その便利さと豊かさをどれほど活用しているだろうか。

さて、『鑑草』の内容の特徴を簡単に示しておこう。主題は八つであるが、そのうちの七つは女性の家庭生活において守らなくてはならない道徳である。その説き方は、輪廻転生・因果応報によって、悪を戒め、善を勧めており、そこに仏教的な説話が活用されているのをみることができる。『翁問答』までは儒教をもっぱら説いて、仏教の教えを退けていたことを思えば、ここに藤樹の仏教に対する態度の変化をみることができる。その変化は、藤樹の心学が歩を進めていたことのあらわれでもあろうか。

最後の第八番目の主題は、女性の商《あきな》いについての心得を述べている。商売はこの世の人たちが生活できるように天地が産み出した財宝を扱うのであるから、貪《むさぼ》らず正直に取り引きしなくてはならない。こう述べている。この巻六の後半の部分は、当時の庶民階級の女性と経済・商取り引きとの関係がうかがえる点でおもしろい。

# 宗教思想について

## 藤樹と宗教

一一歳から学んで聖人に至るべしと儒学に志した藤樹は、その宗教思想を、儒教の枠の中で、中国のとくに古代の宗教思想を手がかりとして、形成していった。いいかえれば、神は人間の道徳的な完成と関連する範囲内で、藤樹の関心の対象となり得たのである。したがって、その宗教思想は、彼の学問の進展と密接に関連している。

それゆえ、藤樹の宗教思想について、まずその儒教的な内容を明らかにしよう。次に、藤樹は、神道や仏教に対してどのような態度をとったか、また藤樹に対するキリスト教の影響を説く人がいるがこの点はどうなのか、を考えてみよう。第三に、藤樹の宗教思想の推移と学問・思想の展開とがどのようにからみ合っているかをみてみよう。

さて次のようなエピソードが伝えられている。藤樹が、祖父と風早より大洲に戻り、曹溪院天梁和尚について書を学んでいた時のことである。ある日少年藤樹が天梁和尚に質問した。「釈迦は生まれるとすぐ、一方の手で天をさし、他方の手で地をさして、『天上天下唯我独尊』といったといいますが、もし本当ならば、釈迦は古今第一の傲慢な人といわねばなりますまい。和尚はなぜこのような人を理想の人として礼拝されるのですか」と。

## 皇上帝なる絶対神

藤樹は儒学を学ぶ過程で、儒教の経典に述べられている最高至上の神を尊崇するようになった。それが、藤樹の文書にあらわれるのは、三一歳の時に書いた『原人』『持敬図説』からである。前著では、神は主として皇上帝、後著では上帝と呼ばれている。両者は同じとみてよい。

『原人』は藤樹の人間論であるが、人類の誕生をめぐって皇上帝が登場する。皇上帝とは、宇宙の主宰者であり、無限の、霊妙不可思議な能力をもっている。皇上帝は、その心と形を分かち与えて、万物を生み出した。皇上帝は天地万物の父母なのである。

釈尊　天上天下唯我独尊の像

人間も皇上帝を父母とし大始祖として、その分身として誕生したのである。人間は皇上帝の子孫なのである。人間がこの世に生まれ生涯を送るのは、皇上帝の命令つまり天命によるのである。わが父母、わが兄弟、わが友も、君たり臣たり、夫たり妻たるのも、すべて天命なのである。人間は、皇上帝の命により、生まれついた運命をもって、この世に生存しているのである。

皇上帝は常に人間の行いを逃さずにみておられ、皇上帝をあざむくことはできない。皇上帝は、人間の行いをくわしく正確にみて、その善悪に応じて五福六極《りっきょく》を下し、人間を導く。五福とは長生き、富、心身の健康、心の平安、天寿を全うすることの五つであり、人間を善に導く手だてである。六極とは短命・病気・心配・貧乏・悪逆・柔弱で、人間に悪を戒める。

皇上帝はこのようにして、超越的な人格神であり、宇宙の主宰神である。皇上帝は、人間にとっては、人間に生まれつきの運命を賦与する絶対者であり、善を勧めるのには五福を、おどし戒めるのには六極を用いるところの、道徳的な審判官であり、道徳的な導き手である。

このような皇上帝は、藤樹が儒教の経典から学んだのである。『原人』『持敬図説』は、藤樹が五経に触発され感得するところがあって書いている。神を皇上帝として明確化したのは、五経の熟読の結果である。事実、皇上帝は、『詩経』及び『書経』の「皇は大なり、上帝は天なり」からきている。古代中国では、最高至上の神を上帝・帝・上天・皇天・天などと呼んでいる。上帝は人格的存在であり、天地万物の本であると考えられている。この上帝はまた万物の霊たる人間にはとくに道徳性を賦与するとされている。藤樹の皇上帝・上帝は、ことばのうえのみならず内容の面でも、中国古代の上帝からきていることは明らかである。

この皇上帝の登場は何を意味するか。藤樹は現実と理想、事と心の分裂に悩みながらも、現実に妥協せず、理想の現実に対する支配による統一を構想していた。そして、藤樹は、『詩経』や『書経』にみられる超越的な人格神にその統一の保証を発見したのであろう。『持敬図説』に、持敬を説明して、尊徳性とならんで畏天命をあげているのは、このことと直接関係している。

ところで、朱子には、主宰神、超越的な人格神の思想はない。『原人』『持敬図説』を書き、皇上帝によって人間とその道徳を論ずる段になって、藤樹がこれまで信奉してきた朱子の思想との間の不一致に悩むのは当然である。

**太乙神信仰**　この不一致に苦しみながらも、藤樹の皇上帝思想は深まり、三三歳の時、それは太乙神信仰へ発展して解決されるのである。

太乙《たいいつ》とは、古代中国で天地の根本、万物の根源であり、宇宙の本体をさす。太乙神とは、元来道教の神で、天を主宰する神であった。

藤樹は三三歳の時、『性理会通《かいつう》』を読み、その中の唐枢《とうすう》の『礼元剰語《れいげんじょうご》』で、皇上帝の問題について確信を与えられたのである。それで、藤樹は、この年の夏に『太乙神経』を撰述《せんじゅつ》しようとしたが病気のため未完に終わった。そして、『大上天尊太乙神経序』（以下『序』）のみが今日残されている。藤樹はこの『序』に先立って、『霊符疑解』なる小文を書き残している。この二つの文によって、太乙神信仰をみてみよう。

藤樹は、太乙神とは『書経』でいう皇上帝であると述べている。太乙神は天地万物の君であり親であり、その尊さは他に比類なく、その徳は無限である。それゆえ、人はその尊い神の姿を画いた像を祭り、報本反始《はんし》の礼、つまり根本に立ちかえって天地万物の主宰神を祭り、感謝しなくてはならない。このことは藤樹は繰り返し熱意をこめて述べている。このような態度はこれまでみられないものであり、ここに藤樹の皇上帝思想の太乙神における発展、信仰の進展をみることができる。

さらに藤樹によれば、太乙神は天地万物を造化し、禍福を主宰し、広大な宇宙を支配していかなる微少なものをも逃さない。太乙神は全知全能である。だから、人がまごころをもってうやうやしく仕え、太乙神がそれに感応してくだされば、天地と融和し一体となり、生死を超越することができ、禍を避け福を得ることなどはいうまでもない。

ではなぜ霊像を祭るのか。それは、親に報いる孝を尽くすのと同様で、人の父母である太乙神に報本の礼を尽くすべきである。親に孝を尽くす時、誰がその報いを求めようか。しかも孝心があれば必ずよい報いがあることは古今の事例からして明らかである。霊像祭祀は報本の誠を尽くす行いであり、報本を主とする時は、たとえ他に何も求めることがなくとも、おのずから福を得るのである。

ところで、朱子学では功利を考えることを断固として拒否している。だが藤樹はこの点については、朱子の考えを否定する。すなわち、功利をはじめから意図しては真に望ましい結果は得られないが、功利を全く無視するのでは禅学と同じである。儒教は確かに功利をはかることをきらうが、それは功利の心があればよい結果を生じないし、たとい生じても一時で終わってしまうからである。だから儒学は元来功利をにくみ嫌うのではなく、正しいよい結果を常に期待するものである。儒学が堯舜の治を模範として学ぼうとするのはそのよき証拠である。

太乙神信仰が、このように、報本の誠意を主とし、応報功利をその中に含むという考えは、藤樹が心と事の統一に苦心していることのひとつのあらわれとして重要であるし、また朱子学からの離脱を意味する点でも重要である。

さて、太乙神は見たり聞いたりすることのできない無形の神である。その無形の太乙神の霊像を画いて礼拝するのはなぜか。それは、無形の太乙神を人は直観によってはっきりと知らねばならないのであるが、中程度以下の一般の人にはそれはできないことだからである。そこで、それらの人人が太乙神を知るようにと、聖人が霊像を制作したのである。だから中程度以下の人は霊像を日々怠ることなく尊崇礼拝するうちに、霊像を通して無形の太乙神をはっきりと知るに至るのである。藤樹がこのように霊像礼拝を合理的に説明していることは、注目に価する。

以上みてきたところをまとめてみると、皇上帝・太乙神の信仰にみられる藤樹の宗教思想は、現世的であり、因果応報・勧善懲悪を説いて道徳的であり、また合理的である。

藤樹は、これまで、天を祭るのは天子や役人のすることで、士・庶人のなすべきことではないと考えていたが、太乙神信仰に達して、士・庶人にも天を祭る礼があることを知り、以後は毎月一日には身を浄めて太乙神を祭ったが、藤樹が三九歳の夏久子夫人をなくして服喪して中断し、喪があけた後も藤樹自身の病気のため祭祀は中断したまま終わった。しかし太乙神信仰は生涯かわることはなかった。

太乙神信仰を確立した翌年の夏、藤樹は伊勢の皇太神宮に二、三の門人と参拝している。その時の詩はすでに紹介した。

## 藤樹と神道

中国古代においては、祖先の祭祀は家長が行い、一国の祭祀は天子と役人が行うのが礼であり、それが儒教の祭祀の原則でもあった。儒者藤樹はこの原則に従い、わが国の天神を祭るのは朝廷の仕事であるから、伊勢神宮を庶民の身で参拝するのは神を冒瀆するものだと考えていた。しかし、太乙神信仰に達して士・庶人にも神を祭る礼があることを知り、わが国の開闢の始祖天照大神を祭る皇太神宮に参拝したのである。

『翁問答』において、「日本の神を信仰するのはよいか」という問いを設定して、藤樹は次のように答えている。

「日本の神道の礼法で、儒道祭祀の礼にかなっているものがある。そのうえ八幡大菩薩《はちまんだいぼさつ》・天照皇太《てんしょうこうたい》神宮《じんぐう》・春日《かすが》大明神の三社の神託は、祭祀の儀式がいくらきまり通り行われたとしても、心に汚れがあっては神に受けいれられないことを述べており、これは、儒者が神に仕える心の持ち方と一致している。これらのことからしてみると、わが国は中国の后稷《こうしょく》（周王朝の始祖）の子孫であるという説はまことに意義深く思われる。」

人間にとっての大始祖は皇上帝・太乙神であり、次いでの大父母は天神地祇、そしてわが両親である。それゆえ、まず皇上帝・太乙神の人類普遍の神道がまずあり、人間がまず第一に信仰すべきはこの神道である。

そのうえで、皇上帝・太乙神が生育された天地の神々があり、この天地の神々のそれぞれの特殊の神道がある。わが国の天照大神をはじめとする諸神も、この天地の神々の一員であり、日本の神道もこの特殊な神道のひとつとして、その普遍の神道の下に、意義をもつものなのである。このような藤樹の神道理解は生涯かわらなかったとみられる。

このようなわが国の神道に対する藤樹の理解は、国粋的、民族的立場から非難攻撃され、また逆にその弁護がなされてきた。まことに無意味な応酬というほかはない。藤樹の信仰は、人生いかに生くべきかの問題と厳しく対決する過程において形成されたのであり、それを現実の材料に制約されている側面から取り上げ、かつそれを民族的枠組みを至上とする立場から論じることは、藤樹の信仰の本質を見失うことになる。藤樹のこの信仰は、その人間形成における命がけの精進の過程の中でのみ、正しくその意味と価値を見いだすことができるのである。

藤樹は、仏教に対しては『翁問答』で厳しく批判している。しかしやがてその批判があたっていないことに気づき、『翁問答』の改正を志し、仏教を肯定する立場へ晩年は移っている。

## 天竺の狂者釈迦

藤樹の『翁問答』（下巻之末）の仏教批判をまずみてみよう。

釈迦とその跡を継ぐ仏教徒は狂者である。狂者とは『論語』（子路篇）からきている。

「中庸の人をみつけて交われないとすれば、きっとその人は狂者か狷《けん》者だろうね。狂者は志が大きく進んで求めるし、狷者は節義にこだわって当然しなくてはならないことをしないでいる者だ」

この孔子のことばから出ている。聖人は別にして、人は生まれつきによって、学問をして自己を完成する程度が違っており、中行（中庸の人）、狂者、狷者、凡人に分けられる。聖人に次ぐのが中行で、狂者はこれに次ぎ、むやみと理想に走って実行が伴わない者であり、狷者は狂者の下で、知恵不十分で考えが浅く、思うことを守ってかたくなな人である。狷者の下が俗人であり凡人である。

ではなぜ釈迦や仏教徒は狂者なのか。それは、彼らの心は無欲無為で清浄自然であるが、実際のいうことや行うことは勝手気《き》儘《まま》のでたらめだからである。たとえば、釈迦は天子の位を捨てて山に入り、悟りをひらいた後も、乞食したり親子兄弟夫婦の縁を離れ、人間の本分を尽くそうとしなかった。仏教徒はこの釈迦を見習い、基本的な人間関係を夢幻のようなものであり、妄念だなどといい、また悪人正機の教えを説いて悪を勧めるような有様である。結局仏教徒は、心さえ無欲で清ければよいとして、現実の行為を問題にしないところに欠陥がある。藤樹の心迹《しんじゃく》の語を用いれば、仏教徒は心さえ正しければ迹は問わないのであり、心になずむ立場であり、心事不一致である。藤樹がめざす聖人の道は、心迹の一致、心事一致である。また同じことであるが、太乙神信仰でみたように、功利を意図してはいけないが、無視してもいけないという藤樹の立場からすれば、仏教が心のみで行為を無視し、現実の世間の外にあろうとする態度は、当然批判、否定されなくてはならない。

釈尊の出家

　仏教徒は、無欲を説き、勧善懲悪を説いて志は大いによいのであるが、結局狂者にとどまるのは、この宇宙の本体とその霊妙不可思議で中庸精微なる作用という根本のところを十分に悟っていないからである。

　上述の『翁問答』の排仏論に、藤樹は行き過ぎや誤りを見いだし不満を感じ、その後に書かれた『鑑草』では、仏教を肯定する立場に移っている。『鑑草』は三六歳の頃の著作で、藤樹の思想的転換が完了する直前の時期のものである。仏教否定から肯定への転換は、藤樹の思想的転換の推移と関連しており、内容的には、心事の問題が心へ比重を大きく移していったことと関連しているといえよう。

## キリスト教の影響の問題

藤樹の皇上帝・太乙神信仰の原型はキリスト教であるという説が一部でなされてきた。一五八七年豊臣秀吉がヤソ教を禁止したのは藤樹の生まれる二一年前である。三代将軍家光による鎖国の完成は一六三九年で藤樹三二歳の時である。その間一六二七年藤樹が二〇歳で結婚した年に島原の乱が起こっている。藤樹の時代には、キリスト教に対する弾圧取り締まりが進み、ついに鎖国に至ったが、しかし藤樹がキリスト教の教義に接する機会は十分あったと考えられる。

ところで藤樹の書き残した文章の中に直接キリスト教に関係するものは見いだし得ない。それにもかかわらずキリスト教の影響が問題になるのはなぜか。それは、藤樹が、皇上帝を最高至上の神とし、超越的な人格神であり、宇宙の主宰者で天地万物の創造者であると説いているからである。

このような神は儒教にもわが国の神道にもみられない。類似する神をさがせばキリスト教の神である。しかし内容的にみればどうだろう。キリスト教の神と人間との間の絶対的な断絶は、皇上帝と人間の間にはない。皇上帝は心と形を人に与えて、人間は皇上帝の分身であり子孫である。それゆえ、超越・絶対・創造の語を用いても、キリスト教はそれらを神人断絶において考え、藤樹は神人連続において考えている。藤樹の皇上帝信仰はキリスト教信仰と似て非なるものである。

また、内村鑑三は『代表的日本人』の中で、「彼の文章の何処にも一抹《いちまつ》の落胆の調子を捉えることはできない」と書いている。パウロ・アウグスティヌス・ルターらにみられる深刻な罪意識や絶望の意識は、藤樹にはみられない。原罪の意識、絶望に徹するところに回心があり、道徳の世界をこえて信仰の世界に生きるということは、藤樹には無縁のことであった。親鸞の悪人正機の教えさえも虚妄の教えとして非難の対象でしかなかった。藤樹は、皇上帝・太乙神の信仰によって、自己の道徳的完成に対する信念を弱めるどころか、かえって強めていったのである。以上みたところからして、藤樹の皇上帝思想が、キリスト教の影響の下に形成されたとは考えられないのである。

神に祈る

## 藤樹の宗教思想の特質と意義

最後に藤樹の宗教思想についてまとめておこう。藤樹の宗教思想を代表するものは、三〇歳代前半期の皇上帝・太乙神信仰をめぐる宗教思想である。ここにあらわれた特質を列挙しておこう。

まず、藤樹の宗教思想は儒教の経典により形成され、その原型は中国古代の天帝を祭る宗教思想である。

次に、皇上帝・太乙神信仰は、回心と超越による救済を説くものではなかった。それは、現実の人間のさまざまな有様を説明し、進んで人間の道徳的な完成に根拠と保証を与えるものであった。この点で藤樹の宗教思想は、彼岸的、超越的でなく、現世的であることが第二の特質としてあげられる。

第三の特質は、因果応報主義であり、そこに独自の功利の思想が入っていることであり、この特質に合わせて、第四の特質は、勧善懲悪観によって、極めて道徳的な性格をもつ宗教思想だということである。

そして第五に最も大切な特質として、藤樹の宗教思想は、彼の人間形成と学問の進展と関連し合っていることである。この点を次に整理してみよう。

藤樹の課題は、理想と現実を一致させて聖人に至ることであった。この課題を掲げて、第一段階では、藤樹は朱子学により、外的な規範に理想とその実現の手がかりをみて格法主義に立ったが、内外の不一致、自他の対立、心事の矛盾をひき起こして苦しんだ。

その結果、格法主義への疑問を生じ反省が行われて、第二段階に入り、外的な規範一辺倒から心へ目を向けるようになった。この段階で、尊徳性という形での内面的な心への信頼は、他方でそれを支えるものとしての畏天命の主張がなされることによって、藤樹の目が天帝・皇上帝に向けられ、ここに藤樹の学問と宗教とが深く関連することとなった。この段階の宗教は、心と事の一致、理想と現実の一致を、心を主体にして理想のレベルで実現することを保証するものとして登場している。そして、それゆえに、この段階では、心と事の一致という点で、心のみを重視し事を無視する仏教は排斥されるのである。

第三段階はこの第二段階がさらに深まったものといえよう。理想と現実の統一による人格の完成は、それを担う主役としての心とそれを根拠づけ保証する神によるのである。藤樹は主役としての心にさらに深くわけいり、『論語』(郷党篇)の孔子の姿によって、心についてのひとつの確信に達し、心学の主張が展開する。この主張に呼応するように、皇上帝思想は太乙神信仰へと深まったのである。

そして第四段階は次章の問題になるが、心と事とは、一致するようになるのではなくて、本来一体であるという主張がなされる。そして藤樹の心学は完成段階に入るのである。したがって、心に対して事を積極的に問題にする必要はなくなるのであるから、表面的には太乙神信仰は引き続きかわらないとしても、仏教との関係は大きくかわってくる。すなわち、心を問うて事を問わない点で、藤樹の信仰は、仏教とは、これまでの対立否定の関係から調和肯定の関係にかわるのである。事実晩年の藤樹は仏教に対して許容的、肯定的になっているのである。

しかし、第四段階の藤樹の心学・宗教思想と仏教との関係が一体何を意味するかは、あらためて次章で考えねばならない問題である。

なお、藤樹は、二五歳の時小川村の母の家から大洲への帰路船中で喘息をひどく患ってから病弱の身となり、そのため著述計画も多くは中断したり実現しなかったりしている有様である。しかしこの病弱にもかかわらず、藤樹の信仰には、この点についての救済の願いの片鱗も見いだせず、ひたすら自己の完成への願いがこめられている。これは、藤樹の精神力がいかに強靱にしてかつ偉大であったかを示す証拠である。

# Ⅳ　心学の完成をめざして

# 晩年の五年間

## 一生の大幸言語道断

藤樹が人生と学問の峠道を登りつめ、『陽明全書』にひとおしされて、広くひらけたすばらしい眺望を眼前にしたのは三七歳の時であった。藤樹はこの時の感激を門人池田与兵宛の手紙に書きおくっている。

「私は深く朱子学を信じ、長年の間工夫努力してきましたが、入徳の効もおぼつかない有様で、学問に疑いを生じ、意欲を失いがちでした。丁度そのような時天道の恵みでしょうか、『陽明全書』が手に入り、熟読しましたところが、私の疑っていた丁度そのことについていろいろと論じられていたのでふるいたち、少しは入徳の手がかりが得られたようにおもわれました。これこそ人生最大の幸福であり、このよろこびはことばにいいあらわせません。」

藤樹が王陽明の思想にふれたのは、今はじめてではない。一七歳の時入手した『四書全書』以来、そして『性理会通』『王龍渓語録』などで陽明の思想にもふれていたはずである。それにもかかわらず、今ここに至ってはじめて陽明の思想に感激したのは、藤樹が辛苦し精進して、独自の思想的営為にひとつの結論がでるところにきていたからであり、その結論を王陽明によって確かめられたことによるのであった。

王陽明と出合い、自己の思想的営為に確信を得て後、藤樹は自己の学問の完成に向かって最後の多産な活動期に入ったのである。そして、『大学』を主に『中庸』『論語』などの経典の注釈に、あるいはこれまでに書いた『翁問答』『孝経啓蒙』などの改稿に、自己の思想を展開していったのである。

## 淵岡山の入門

王陽明の思想との出合いのあった年の冬に、藤樹の門に淵岡山《ふちこうざん》（一六一七〜一六八六）が入っている。淵岡山は熊沢蕃山とならんで藤門《とうもん》の双璧《そうへき》といわれている人物である。

王陽明

淵岡山は元和三年というから、一〇歳の藤樹が祖父に伴われて大洲に移った年に、伊達家の家臣である仙台の淵家に生まれた。元服後旗本の一尾伊織に仕えることになった。一尾氏の信任を得て、岡山は一尾氏の近江蒲江郡にある知行地の年貢の取り立てに行く間に、藤樹の学徳を聞き、小川村を訪ねて門人となったのである。

熊沢蕃山は、思想的転換に苦悩する時期の藤樹に接し、日新の心学を学び、池田光政に仕えて、異色ある経世家として著名になった。これに対して、淵岡山は、思想的転換を完了して自己の立場を確立した晩年の藤樹の門人であり、藤樹の没するまでの五年間師事し、没後は京都に学館を開き、藤樹の心学を守り、後進に伝えることを任とした。藤樹の学問と思想は、淵岡山を通じて、正しく広く伝えられたといわれている。こうした両者の違いから、蕃山の学派を事功派というのに対して、岡山の学派は省察派と呼ばれている。

淵　岡　山

岡山は貞享三年一二月天寿を全うして七〇歳でなくなり、京都東山永観堂禅林寺に葬られた。

## 再出仕することなく終わる

正保三年藤樹三九歳の時、大溝城主分部《わけべ》伊賀守嘉治が藤樹の学徳を聞いて招いた。藤樹は固辞したが、是非とのことにやむをえず見《まみ》えることになった。分部侯は礼を尽くして藤樹を迎えたが、ついに道について語ることはなかったという。時に分部侯は一九歳の若年であったが、一九歳といえば藤樹が抜擢《ばってき》されて郡奉行となり、村民を心服させていた年である。藤樹が若年とはいえ分部侯に招かれながら進んで道を語ることがなかったのはどうしてだろうか。

翌年藤樹四〇歳の時、岡山藩主池田光政から招きを受けたらしい。それは、岡山藩には門人熊沢蕃山が仕えて藩主の信任を得てきており、蕃山の影響を受けた光政は心学に傾倒するようになっていたことによるのである。しかし藤樹はこれを辞退し実現しなかった。光政はこれを残念がり、翌年八月藤樹が没した時、蕃山を遣わして鄭重にとむらわせており、また岡山城西丸に藤樹の位牌をまつったと伝えられている。

だが、こうして藤樹は再び士として返り咲くことなく、自己の理想を実践することなく終わったのである。藤樹は『翁問答』で儒道即士道と述べているように、武士に理想の実現を期待していたし、自らも士の一員としての立場から工夫努力をしていたのである。だが藤樹自身の学問の未熟さ、脱藩者藤樹に対する敬遠もあって、再出仕の声はかからなかった。

その藤樹が『陽明全書』に接して、自己の学問と思想に確信を得た後においては、対社会活動は積極的になって当然であろうが、この二つの招きにみるように、事実はむしろ逆になっている。それは母が健在で孝養の必要が続いているためか、藤樹の病弱のためか、時勢がまだ到来していないと考えたためか、あるいは学問と思想、そして心境の変化のためか。これらは相重なりながらも、学問と思想上の変化はとくに重い。この点を後にとりあげよう。

## 藤樹晩年の家庭

藤樹晩年の家庭に目を向けておこう。

藤樹の学徳はいよいよ世に広く伝えられ、門人も数を増した。脱藩の頃、立ち居振舞いがかなり不自由になっていたといわれる母は健在であった。それにひきかえ藤樹自身の健康状態は、門人に医学を教授していることなどからも、自分の健康には随分と気をつかっていたようだが、よくなかったらしく、著述計画なども思うにまかせない状態であった。

そうしたなかで、藤樹三九歳の夏、久子夫人がなくなった。夫人との間には、はじめ二男一女が生まれたが一月足らずで夭折《ようせつ》している。四年前に生まれた嗣子《しし》虎之助は二三歳で、この年の春正月に生まれた鍋之助は二〇歳でなくなった。夫人も病弱であったか、あるいは藤樹の病気の影響によるものか。

夫人をなくした藤樹は、母と五歳及び三か月の二人の子どもの面倒をみ、門弟の世話をし、多病な藤樹にとっては大変な難儀であったろう。しかし、藤樹は新しい境地に入って学問の展開に意欲を燃やし、相かわらず精神力の強さをみせている。

何事も打ちわらいつつ過ぬべし
　花ちりぬれば実を結びけり
世の中の桜をたえておもわねば
　春の心は長閑《のどか》なりけり

玉の屋や賤がはにふの小屋までも
　あまねく照す光是誰《たぞ》

これらの歌はこの年にうたわれている。また晩年の作であろう、次のような歌もある。

思いきやつらくうかりし世の中を
　学びて安く楽しまんとは

さて、翌年七月大溝藩主分部侯のお声がかりで、同藩士別所氏の娘布理《ふり》と藤樹は再婚した。翌年七月弥三郎が生まれ、その一月半後の八月二五日藤樹は急逝した。布里夫人はその後親元に帰り、後京都の人西村氏に再嫁したといわれている。

## 片時も早く良知に至りたし

藤樹が『陽明全書』を得て、生涯の大転換を完了し思想的立場を確立して、いわゆる陽明学時代を迎え、ここに藤樹はわが国の陽明学の祖とされることになった。

### 至当に組せんのみ

しかし、藤樹の晩年の学を陽明学と呼ぶことについては、疑問が出されており、思想内容で陽明学と異なるものがあることが指摘されている。

もともと藤樹の思想を、朱子学か陽明学かのいずれかに割り切ることが無理である。すでにみたように、藤樹が儒学を学んだのは、自分の根本的な課題を解決する手がかりとしてである。それゆえ、藤樹の学問・思想は、朱・王二学のいずれかに属するというようなものではなく、藤樹の独自の思想であり、朱・王二学を借りての独自の心学の展開なのである。

藤樹が少年の日に読んで感激し、志を立てるきっかけとなったのは『大学』であった。この『大学』に晩年の藤樹は立ちかえって、独自の心学によって読んでいる。

『大学』は、原本に脱落があったり文章が前後したりしていることを理由に、宋代の学者程明道と程伊川がテキスト・クリテークを行い、これを受け継いで朱子が校訂改作して、定本としての宋本をつくった。王陽明は朱子のこの態度を否定し、古本《こほん》こそ正しい本来の姿であるとして、『古本《こほん》大学』を定本とした。藤樹は、聖人の書かれた経典に手を加えることは、たとえ世のため人のためとはいえいけないことであるという立場から、朱子の改作を非難し、王陽明の立場に賛成し、『古本大学』を定本として採用するのである。

そのうえでさらに、朱子が『大学』の内容に「経」一章と「伝」一〇章の区別を立てたのに対して、王陽明は「経」「伝」の区別を立てなかった。藤樹は、この問題について、『大学』の全文の構造から考えて「経」「伝」の差別を立てるのが妥当だと判断し、この点では朱子に従っている。『大学』のテキストの問題について、藤樹は、自分が古本を認める点では王陽明に従い、「経」「伝」の区別は朱子に従うのをみて、朱・王いずれにも加担せず、ただ最も当を得たものに従おうとしていることを知ってほしいと述べている。

形式面のことではあるが、テキストに対する態度からも、藤樹が朱子学や陽明学の単なる祖述者でないことは明らかである。

さて、藤樹晩年の心学の内容をみてみよう。

## 心事《しんじ》元《もと》是《これ》一《いつ》也《なり》

藤樹が『陽明全書』を入手する直前のことである。これまで五年間藤樹のもとで学問に励んできた門人山田権が帰国することになった。別れにのぞんで藤樹は彼に『大学』の三綱領（明徳を明らかにする・民を親しむ・至善に止まる）の解釈を書いて贈っている。その至善の解説で「事が善であって心が善でないものは至善ではない。心が善であって事が善でないものもまた至善ではない」と述べている。

ところが、間もなく『陽明全書』を入手してから、この解説を誤りであると訂正している。すなわち、心と事とはもともとひとつである。それゆえ、事が善であって心が善でないものはあったためしがない。心が善であって事が善でないものもあったためしはない。狂者が世間の事を軽蔑して人情に合わないことをするのは、まだその心が本来の姿になっていないからである。心さえ本来の姿になっていれば、いうことなすこと決して破綻《はたん》を生ずることはない〟と。

これについて、門人が、心と事とを別々にとらえて、そのうえで両者を統一すること、つまり、動機もよく結果もよいように工夫努力することの方が、正しい考えではないか、と疑問を呈したのに対して、心と事とは本来ひとつのものなのだと反論している。

この藤樹の言に対して、盗人仲間にも仁義がある。盗みに入る時は勇、出る時は仲間の最後に出るという義、盗品を分けるには平等にという仁がなくては泥棒としても成功しない。こんな門人のいうことに対しては、心の本来をよく考えよと戒めている。

「心事元是一也」は、このように心が本来の姿であれば、事も破綻することはないと説かれており、心に事が含まれている。『陽明全書』入手以前、心と事の関係について、心へ大きく比重がかかっていったことはすでにみた通りであるが、「心事元是一也」はこの最終的な到達点であって、心に事を取り込むことであった。そして、このような「心事元是一也」は、陽明の「致良知」の思想にふれて確定したのである。

## 致良知の思想

藤樹は、良知を孟子の用法で使用していたが、『陽明全書』を読んでからは、良知に独自の内容を与えて使っている。

良知は、人間の心の本体であって、誰でも生まれつき完全な形で備えている。凡人である自分の良知も、聖人の良知も、ひとつのものであって、違いはないのである。この良知は、そのすばらしい、明快な、適切な働きによって、正しく人間を導くのである。なぜなら、この良知は天理そのものだからである。

それゆえに、良知を有する人間は誰でも、学ばなくとも、思慮をめぐらさなくとも、是非善悪を知ることができるし、人に同情したり、喜怒哀楽を感じたりもし、また進んで自分を抑制して自律的に行動できるのである。良知は、このように知・情・意の働きすべてをあわせもっているのである。

以上のような藤樹の良知の説明は、王陽明のそれと一致している。

さて、人の人たる所以《ゆえん》はこの良知の働きによるのであるから、人は常に良知が十分働くようにして、良知を離れないようにすることに努めなくてはならない。このことを藤樹は「致良知」といい、これを「良知に致《いた》る」と読んでいる。これを王陽明は「良知を致《いた》す」と読み、両者に違いがある。

さて「良知に致る」ためには、それを邪魔するものを除く必要がある。その邪魔者は人間の意念つまり情欲である。人の心に正邪善悪の差が生ずるのは、この情欲のためである。情欲にさえぎられて良知を離れ見失う時、人の言行は邪悪・不正となる。だから、人は心から情欲を取り除くこと、つまり意を誠にすることによって、良知に致ることができるのである。

藤樹の「致良知」の真筆

藤樹のこの致良知に対して、王陽明は致良知を、知を致すと読み、藤樹のように情欲の発動に気を使わず、自己の良知を完全に発揮することであり、全生命力を発揮して活動することだとした。事が起これば、ただわが心の良知を発揮してこれに応ずるのである。情も良知の発現だから、情欲といえども恐れ萎縮することはない。大切なのは事上磨錬《じじょうまれん》である。公の場であれ私の場であれ、大事であれ小事であれ、どんな環境、どんな出来事にも、それに翻弄《ほんろう》されることなく、常に自ら主体となって行動することであり、あらゆる機会を修行の場と化すことである。王陽明の致良知の思想は極めて積極的、行動的である。

これに対して、藤樹の致良知の思想は内省的であり静観的である。良知について、両者の間には違いがある。藤樹の良知は、心の本体として、鏡のごとき存在であり、正邪善悪を批判して人を導くが、情欲によって曇らされる。人はそれゆえに情欲を除去し、良知の鏡が曇らないように努めなくてはならないのである。

## 誠　意

致良知のためには、情欲を除去しなくてはならない。このことを、藤樹は「誠意」という。誠意は致良知の最も大切な修行工夫なのである。

誠意とは『大学』の八条目（格物・致知・誠意・正心・修身・斉家・治国・平天下）のひとつで、「意を誠にする」と読む。「意」とは心が発動して外にあらわれたものである。「誠」とは真実であり私欲の偽りのないことである。「意を誠にする」とは、心が動いて外にあらわれる意に、私欲がまじらないようにし、真実で偽りがないようにすることである。

藤樹は、このような一般的な解釈をとらない。「意」とは良知を曇らす情欲であって、万欲万悪の根源である。心が邪悪不正を犯すのは意のせいであり、視聴言動思が道にはずれるのも意のためである。それは、意が、ひとつの事を好んで熱中したり、また逆に嫌ったりする心の偏りであるからである。『論語』（子罕篇）で「孔子は四つのことを絶《た》った。意（勝手気儘な心）をもたず、必（無理押し）をせず、固（執着）せず、我を張らない」とある。この文の意こそ、誠意の意である。

したがって、誠意とは、意の発動を抑え、意を次第に除去し消滅させて、心の本体たる良知を明らかにすることである。だから、誠は心の本体たる良知なのである。意と誠とは全く別物で対立し合う。誠を大将として、意という悪者の頭目を征伐するのが、「意を誠にする」ことである。かくて、誠意が実現した時、人は意が除去されて、良知の働きは曇ることなく乱されることもなく、ここに心の平安の境地に達するのである。

ところで、意を除去し消滅するとはどういうことだろうか。意は情欲であり、孔子のいう意、つまり私心・私欲である。ここに良知の情は意を除いた情であり、自然感通《しぜんかんつう》する情である。それは、愛敬・親愛をもって呼ばれるものである。すなわち、誠意とは、意を絶《た》って、愛敬の良知に立ちかえり、互いにあたたかい感情がかよい合って、平穏な生活が実現することである。

藤樹の誠意の工夫は、意を絶ち切って良知に至り、事のうちで意のあらわれとしての事が消滅して、事はすべて良知の働きのうちにあるに至るのである。これがすなわち心事の一体であり、ここに人間は本来の姿になるのである。そして、誠意の工夫によって、良知の輝きの下に心事一体の実があらわれる時、内に心の平安、外に生活の平穏が実現するのである。

## 格物致知

『大学』によれば、「誠意」を具体化する方法は「格物致知」である。これを藤樹はどうとらえたか。

朱子は、これを「物に格《いた》り知を致す」と読み、王陽明は「物を格《ただ》し知を致す」と読み、わが藤樹は「物を格《ただ》し知に致《いた》る」と読んだ。

藤樹によれば、「物」とは事であり、この世の事物は実に多種多様で極まりないが、結局は視聴言動思の五事に整理される。朱子は物は事なりというにとどまったために行きづまり、王陽明は物を心が働いた結果としての現実のあらゆる物事であるとしたために唯心的になり、禅学へ落ち込むきっかけをつくった。この世のあらゆる物事は視聴言動思の五事を離れてはないのだから、五事は万事万物の根本である。「格物」とは、五事を良知の鏡に照らしてその正邪善悪を判別し、邪悪を禁じ、正善をとることである。この格物によって、意は排除され、良知は明らかになり、「致知」が実現するのである。こうして、「格物」と「致知」とは相含み合い一体なのである。すなわち、物を格すは致知であり、知に致るは格物である。

この藤樹の格物致知の特質は何か。王陽明と対比してみよう。王陽明は、物を事とし、事は意の所在であるという。親に仕えようと思うのは心であり、思う通り親に仕えるのが事である。王陽明の物すなわち事は、事に接し物に応じての公私にわたる日常の生活事実である。

これに対して、藤樹では、物は事であり、五事であるとして、日常の行為の事実を抽象整理して、その主観的側面でとらえている。したがって、五事についての格物致知とは、自己の主観について、深く内省し、私心・私欲のきざしを戒め、その発動を抑制することである。王陽明が実践的であるのに対して、藤樹の格物致知は、主観についての観想的、内省的な営みであるところに、その特質をみることができる。

王陽明の本

**知行合一を説かず**

王陽明の思想の中で、知行合一の説は有名である。それは、致良知・致知・誠意と深く関連して説かれている。

親に冬は温かくし夏は涼しくしたいと思ったり、よく仕え孝養したいと願うのが意であるが、それだけではまだ意を誠にしたとはいえない。この温涼孝養の意を実際に行い、自分の心に満足を覚え、少しも自分を欺くことのないように努力して、はじめて意を誠にするといえるのである。そして、どうすることが温涼の適度であるかを知り、どうすることが孝養の節度であるかを知ることが知であるが、これも知を致すとはいえない。温涼の適度、孝養の節度を知力を十分に尽くして、実際にこれを実行し実現して後、はじめて知を致すといえるのである。かくして、知ることは行うことであり、行うことは知ることであるとして、知行の不可分、知行合一が説かれるのである。

だが、藤樹では、知行合一の語は、『中庸続解』の『中庸』第一三章の訓話と句解とにひとつずつあるのみである。

藤樹が知行合一を説いていないのは、その晩年の思想が、観想的、内省的になり、行動的側面が消えてきたことのあらわれであり、これまでみてきた「致良知」「誠意」「格物致知」のそうした特徴と相応ずる現象といえよう。そして、知行合一にかわり、「心事元是一也」が説かれたのである。

## 愛敬的良知の心学

最後にこれまでみてきたところをまとめて、藤樹晩年の心学の概要を考えておこう。

藤樹晩年の心学は、愛敬的良知の心学である。それは、「格物致知」によって「誠意」を行い、「致良知」を実現する学である。いいかえれば、五事についてわが心のうちを内省し、私欲私心の情欲のきざしを戒め、それの発動する以前に抑えて悪の根源を絶ち、愛敬・親愛の良知を明らかにして、心事の一体とそれによる心の安楽の実現を期待する学問である。

この心学によって、人間は本来の姿に立ちかえって聖人君子となることができるのである。その人間の本来の姿は、内に心の平安が、外に自他の自然感通の融合調和による平穏な生活が実現して、心の安楽を得て生きる姿である。これこそ君子の姿である。この姿を藤樹は次のように述べている。君子は、良知が曇りなく明らかで、意の所在である事にかかわりあうようなことはなく、もちろん酒色財気の惑いもないから、天下の政治をまかされてもそれを私しないし、国を得ても私物化しないから何の憂いもない。家をもっても一家融和して心配することがない。妻子や使用人があれば、彼らと仲よく楽しく暮らす。財産があってもそれに溺れず、見ること聞くこと皆楽しみでないものはなくなる。上《かみ》は天子から下《しも》は庶民に至るまで楽しみはかわらない。むさくるしい住居で乏しい食事のその日暮らしの貧乏生活をしていても、その楽しみはくらべものがない。農民の耕作は最も厳しい労働であるが農民の心はそんな苦痛はない。大禹が治水事業を行ったが、これもまた大変につらい労働であるけれども、それは楽しいものであった。

かく描かれている姿こそ、愛敬・親愛の良知の心学によって到達し得る理想の境地なのである。少年の日『大学』によって聖人たろうと志して以来、そして死を賭《と》しての脱藩をしてまで目標達成を期した藤樹の人生の根本問題は、今かかる形において愛敬・親愛の良知の心学として、最終的な解答が出されたのである。

この藤樹晩年の心学の特質としては、全体を通して観想的、内省的な性格が指摘できる。さらにその内容においては唯心的な性格を、目標という点からすれば内への超越という形での宗教性をあげることができよう。このような特質は、その心学の内容からばかりではなく、次のような藤樹の学問の推移からも指摘できよう。すなわち時処位に従い天理に則った行動をとる時中の妙を説いた藤樹が、晩年には時処位や迹について説かなくなっていること、そして中を具体的な事実・実践について確かめていた藤樹が、中を心の本体として、心にのみかかわらせるようになっていること、さらには排仏論を説いた藤樹が仏教を許容肯定するようになったことなどは、そうした藤樹心学の特徴を傍証するものといえよう。

# 藤樹の死

## 病革《あらた》まる

藤樹は自己の思想的立場を確立して、晩年の学問はいよいよ進み、著述に門人の指導に意欲的に取り組み、その心学の完成とわが人間的大成をめざして精進した。しかし、藤樹の身は病に深く冒されていった。『陽明全書』入手の三七歳の春から夏にかけて病み、三八歳の冬に病み、この時には同志のために経書の重要な語句の解説書をつくろうとして一葉しか書けなかったという。四十歳の夏には、持病のため講義を休んでいる。ほとんど毎年のように持病が出て苦しんでいたらしい。そして慶安元年（一六四八）藤樹四一歳の秋八月二五日の朝急に病状が革まった。ひとつの伝えは藤樹の死を次のように述べている。

藤樹は婦人子どもを去らせ、少数の門人がそばでみとった。脈が絶えようとした時、藤樹は端坐させて「誰かこれありや、誰かこれありや、ああなし」といい終わって瞑目してなくなった。朝の六時であった。

この臨終のことばには、藤樹にとって、生涯かけて苦心の末に到達しえた真の学問を、正しく受け継ぎ伝える弟子がみつからず、人生と学問にきびしかった藤樹の学問の世界における孤独の姿が示されている。事実、江戸時代の陽明学派は藤樹を祖としながらも、その学統は、朱子学派のそれのような一貫性をもっていないのである。

訃《ふ》報に接し、門人や近隣の村民が集まり、儒礼によって葬儀が行われた。熊沢蕃山は藩主池田光政の命を受けて師の死をとむらった。現在藤樹の墓は中江家の菩提寺玉林寺に母の墓とならんでいる。

玉　林　寺

## 努力と謙虚の人

藤樹を仰ぎ慕う文章は多いが、次に藤樹門下の逸材熊沢蕃山と、わが国のすぐれたクリスチャン内村鑑三の藤樹観を要約して紹介しよう。

熊沢蕃山はその著書『集義和書』『集義外書』の中で、師藤樹にふれて次のように述べている。

先師は生まれつき気質に君子の風があり、言行がおのずからにして道にかなうというところのある人であった。その先師は、凡情を愛することなく、君子の志を大切にされ、生涯努力を積み重ねられたのである。先師が生きておられた間かわらないものはその志ばかりで、学術は日に月に進み、一所《ひとところ》に停滞するようなことはなく、常にその最善の完成を期しておられた。だが残念なことには、その学

内村鑑三

問は、病気と死にさえぎられて、未完成に終わり、内容的には矛盾や不統一もみられる。もし、あと五年生きのびられたならば、学問も完成されたことであろう。

また、内村鑑三は『代表的日本人』で中江藤樹をとりあげて、次のように述べている。

藤樹は、かつて日本の生んだ最も聖人らしい、最も進歩した思想家のひとりである。藤樹は名を求めず利をはからず、ひたすら人間としての完成に打ち込んだ。だがその評判はおのずと広まり、彼の下に教えをうけようとする人々が集った。こうして、人の師たる資格なしとする藤樹であったが、慕って集まる門人の教育に精魂こめて従うようになった。そして師弟ともども、学問と修養に力を尽くしたのであった。

ここに真の先生があり、真の弟子があり、真の教育をみることができる。

沈黙の生活も、もし高貴な目的をいだいて送れば、いかに力あるものであるかを藤樹はわれわれに示している。藤樹のような先生によって、あらゆる卑劣から旧日本は守られたのである。今日失われたこの学校とこの先生の復活することを希望するものである。

## 虚像と実像

後世、藤樹に対する声望は大へん高くなった。少年の日に聖人たらんと志を立てた藤樹は、後世ついに近江聖人として仰がれるようになったのである。

### 藤樹先生の聖人化

藤樹は『翁問答』で、聖人とは生知安行（生まれながらにして知り、安んじ行う）といって、学問をしないで徳を知り道を行う人をいうのであると説明し、聖人を超越的な道徳理想として絶対化し、人は学問をし努力をしても聖人にはなれないとしている。それゆえに、藤樹は、自分が聖人と呼ばれるとは夢にも考えなかったろうし、また聖人視されることにはもちろん反対するであろう。事実、藤樹の生涯刻苦勉励しつづけた姿は、学ばないで徳を知り道を行うという藤樹の聖人観とは一致しないものである。

藤樹は聖人を絶対化したが、江戸時代の儒学者たちはいよいよ聖人の絶対化を推進し、荻生徂徠などは、聖人を神に等しい存在であるとして、信仰の対象にまでしている。この聖人の絶対化が進むなかで、藤樹が聖人と呼ばれるようになったことは、考えてみれば不思議なことである。

脱藩者でありながら、藤樹の許には多数の門人が集まり、しかもその多くは武士であったこと、馬方又左衛門の美談に示されているような近隣の村人たちに対するめざましい教化、観光気分で藤樹の墓を訪れた武士を驚かせた案内の農民にみられるような後世にまで及ぶすばらしい感化など、さまざまなエピソードからすれば、藤樹が聖人と呼ばれるようになるのも至極当然である。

しかしこの近江聖人は、時のたつのにつれて絶対化される運命を免れなかった。たとえば、藤樹は幼時すでに村の子どもたちとは立ち居振舞いがちがっていたというように、生まれつき常人と異なる資質を持つ者として、後世描かれるようになったのである。

『藤樹先生行状』『藤樹先生事状』の伝えるところによると、藤樹は、つねに顔色おだやかで言葉遣いは正しく、精神は安定し行動はゆったりと落着いており、態度は謙虚でありながら卑屈にならず、飾らず真面目でありながら頑固さや意固地さを感じさせることなく、心はさっぱりとしてわだかまりがなく、人に愛敬をもって接し、しかもこうした生活振りは極めて自然そのもので、人に無理やつとめてする感じを決して与えなかった。だから、人は藤樹と一緒にいるときは、ゆったりくつろいで楽しく、しらずしらず敬慕する気持になってくるのであった。

藤樹の墓に武士を案内する農民

ここに、完璧といえる聖人藤樹の姿が描かれているといえよう。

## 内に秘められた苦悩

藤樹が、ほとんど師と名づくべき人を持たず、独学で日本陽明学の祖といわれるまでの仕事をしたことを思い、さらに藤樹の許に集まった門人や村人たちに対する偉大な感化を考えあわせるとき、その資質の非凡なことは明らかである。

だが、それだけのことであろうか。藤樹は自己の人間的完成のために、一生涯いかに苦辛し精励したか、殊に目覚めた者として、理想と現実、内と外の乖離《かいり》と、その間の緊張にいかに苦しみいかに耐えぬいて解決していったか、これはすでにみてきたところである。藤樹には悩み苦しみ抜いた人間らしい面もあったことを忘れてはなるまい。

次のような逸話が伝えられている。藤樹があるとき夜道で追剝ぎに襲われた。藤樹は少しもあわてず、ふところから銭二百文を取出して難をのがれようとしたが、盗賊は身ぐるみぬいで行けと迫った。藤樹はしばし腕を組んで沈思黙考した後、如何にしても追剝ぎの要求に従う道理はないと判断するや、刀を抜いて勝負しようと名のったところ、藤樹の名を聞いた追剝ぎどもは刀を捨てあやまり、藤樹にさとされて良民に立ち戻ったという。

伊藤仁斎にも同様の話がある。仁斎の場合は、盗賊の言うなりになって羽織袴をぬぎはじめたので盗賊の方で驚き、名をたずねて仁斎と知り、心得違いをあやまったという。

二つの逸話は事実でなく、心学と古学の違いを人事にかこつけてあらわした作り話であろう。広瀬淡窓もいっているように、心学が理に合ってこそ心が安んずるとし、理の前には天下も大とせず、一身も小としないところを表現しているのがこの逸話であろう。

しかし、学問上の相違のみでなく、藤樹と仁斎の二人の人柄の違いを象徴する逸話でもある。理のため一歩もゆずらず勝負をいどむ藤樹の姿には、孔子様が来るとひやかした同僚を難詰面罵した青年藤樹の姿が生きているといえよう。それは、同じ青年の日に書いた林羅山に対する激しい批判や、『翁問答』における俗儒や仏教徒に対するきびしい非難などにもあらわれている。理想や道理の前に、また正しいと信ずる事に対して、それに反するものを見捨てておけないはげしさは、目覚めている者としての藤樹の生涯を一貫して変ることがなかったのである。

それだけに藤樹は、理想と現実、理と事、内と外との対立葛藤と、それからくる精神的な緊張をつねに心にいだいて苦しみつづけてきたのである。この苦しみを解決するために全力を尽して学問に勉励し、脱藩を含む思い切った行動もとったのである。しかもなお入徳の効はなかなかあらわれず、苦しみの中にわが人生はついに空しく終るのではないかという絶望にかられる日もあったのである。

こうした精神的に苦悩し動揺している時には、藤樹は、入門を熱望する蕃山に対し、門にもいれず、入れても教えを授けず、意固地ともみえる強い拒否の態度をとっている。

こうしたさまざまの出来事をみると、藤樹は、するどく感ずる心、はげしく意欲する心の持ち主であったといえよう。それだけに、人一倍悩み苦しんだのである。その苦悩が藤樹に陽明学への道を開き、藤樹を聖人へ導いたということができよう。

このような藤樹の苦闘の生活は、他人の容易にうかがうことのできるものではなかった。そこに藤樹の孤独がある。

## 孤独と愛

藤樹ははやく幼児のころからひとりぼっちの体験を持ったようである。武士となり学問に励むようになってから、孤独ははっきりと表面化した。母への孝養を全うするための致仕願いについても、藩の重役連中にわかってもらえなかった。大洲藩における孤立は、それにとどまらず、脱藩という行為を通じて、次第に整備されつつあった江戸幕府下の封建社会からも脱出せずにはおられないまでになった。この藤樹の孤独は、臨終のことばからもわかるように、生涯変らなかったようである。そして藤樹はこの孤独に一生耐え抜いたのである。

藤樹は孤独に耐えるだけでなく、進んで人を愛敬した。母を愛し、門人を愛敬し、村人を愛した藤樹は、また彼らからも深く愛敬され敬慕されたのである。愛することは人の道であり、愛情のない人間はないと藤樹は考えた。愛は人間を完成し道を実現する。藤樹が低能の了佐を愛し、了佐もまた藤樹を慕い、こうして藤樹は教育者としてすばらしい力を発揮し、了佐もまた医者として一家をなすに至ったのである。藤樹も了佐も精魂を尽して相対しており、両者の間の愛情はあたたかくあるとともにきびしくもあった。それゆえにまた、分部侯に招かれながら礼を尽すのみで、道について語らなかったということも、藤樹の愛敬の何たるかを示すものといえよう。

藤樹は、目覚めた者の孤独を深く感じとりながら、しかも世にある者として愛に徹していった。それゆえにこそ藤樹は、人間として、教育者として、学者として、自己を実現していくことになったのである。ここに藤樹というひとの人間的なすばらしさがあるといえよう。

藤樹は、理想と実現、理と事、内と外の対立葛藤に正面から対決して、目覚めた者の孤独に耐えて、なお人を愛敬した。この藤樹のうちにさらに指摘できるのは、全力を尽し、純粋に生き抜いた姿である。

## 全力・純粋の人

全力の人藤樹の姿は、大野了佐をはじめ門人に対する教育のうちにみることができる。また母への孝養の問題をはじめ、自己の人生をいかに生きるべきかについて、藤樹はつねに全力をあげてぶつかってきた。藤樹はつねにその時その所において、大事小事にかかわらず万事なおざりにせず、安易な妥協を排し、真実に徹し、道理を体現することに全力を挙げてきたのである。

このことは、なによりも藤樹の日新の学問にみることができる。藤樹の文章の高揚した激しい調子、経典の解説注釈における考証の細密性と徹底性はそのあらわれである。さらに、生涯の間に書いた多くの論文や著書は、のちに意にみたないとして破棄したり、秘して改正を企てたりしているが、これもいかに藤樹が自己の文章と学問に責任をもつことに全力を尽したかをよくあらわしている。

しかもこの全力を尽しての努力も、決して名利栄達のためではなかった。それはただ道理を実現し、自己を人間として完成するためであった。その点で藤樹は純粋に生きた人といえる。

純粋という場合は、動機の純粋のみをいうが、藤樹の場合は動機の純粋さとよさに加えてよき結果を伴うことが必要であった。心と事、内と外の一致に苦心したこと、そして心事元是一の心学はこのことを証明するものである。動機と結果の調和、心と事の一致における純粋性こそ藤樹の目ざしたところである。

さて、聖人藤樹に対しては、われわれは神や仏のように崇拝するほかはない。だが、つねに目覚めていた苦悩の人、孤独と愛に徹していった人、そして全力、純粋に生きた人としての藤樹は、その人生と学問において　人間の可能性を開示しており、われわれに親しみと勇気を与えてくれるのである。

# あとがき

中江藤樹は、私にとって気にかかる思想家のひとりである。これまで、この藤樹の不思議さを、先学の優れた研究業績、とくに次ページの参考文献から多くを教えられながら、藤樹の文章を手がかりに、なぞときをしてみた。

ひとは誰でも、ある時代と社会に生きて、各人なりに問題にぶつかり解決しながら、日々の生活を送り、自己を形成している。その中で、普遍性をもつ傑出した思索を展開した者が思想家と呼ばれる。だから、思想家から学ぶことは、人生における問題のとらえ方、ぶつかり方、解決の仕方などの点である。そして、これらの点を明らかにするとき、同時に、その思想家は、生き生きとした、たえず成長する、また親しみのわく姿をあらわしてくるはずである。

藤樹についても、人間の理想像としての聖人とか、一学派の祖とかではなく、それらにとらわれず、藤樹自身を知ることが大切であると考える。

不幸にして、いまわれわれにとって藤樹は遠のきすぎている。藤樹の文章が容易に手にしえ、多くのひとが直接に藤樹に接しうる日の、やがてくることを期待したい。

# 参考文献


原典関係

藤樹先生全集　五冊　岩波書店　昭15

翁問答　加藤盛一校註（岩波文庫）　岩波書店　昭11

鑑　草　加藤盛一校註（岩波文庫）　岩波書店　昭14

中江藤樹（日本思想大系29）　岩波書店　昭49

中江藤樹・熊澤蕃山（日本の名著11）　中央公論社　昭51

藤樹先生全集　弘文堂書店　昭54

中江藤樹について書かれた文献

日本陽明学之哲学　井上哲次朗　明33

代表的日本人　内村鑑三（岩波文庫）　岩波書店　昭16

日本倫理思想史　和辻哲郎（全集第13巻）　岩波書店　昭27

日本封建思想史研究　尾藤正英　青木書店　昭36

中江藤樹の道徳思想　後藤三郎　理想社　昭44

中江藤樹（朝日評伝選）　朝日新聞社　昭和52

中江藤樹（『叢書・日本の思想家4』）　木村光徳　明徳出版社　昭53

中江藤樹の総合的研究　古川治　ぺりかん社　平8

中江藤樹の生き方　中江彰　明徳出版社　平18

# 中江藤樹年譜

| 西暦 | 日本暦 | 年齢 | 年譜 | おもなできごと |
|---|---|---|---|---|
| 一六〇〇 | 慶長五 | | | 関が原の戦 |
| 一六〇三 | 八 | | | 江戸幕府開く |
| 一六〇七 | 一二 | | | 林羅山将軍の侍講となる |
| 一六〇八 | 一三 | 一 | 中江藤樹、近江国高島郡小川村に生まる | |
| 一六一四 | 一九 | 七 | | キリシタン海外へ追放 |
| 一六一五 | 元和元 | 八 | | 大坂夏の陣、豊臣氏滅亡 |
| 一六一六 | 二 | 九 | 祖父に伴われ、父母の許を離れ米子へ<br>文字を習いはじめる | 徳川家康没<br>ガリレイの宗教裁判 |
| 一六一七 | 三 | 一〇 | 藩主転封に伴い、祖父と大洲に移る<br>冬、祖父に従って風早に往く<br>『庭訓往来』『貞永式目』を学ぶ | 淵岡山出生 |

| | | | | |
|---|---|---|---|---|
| 一六一八 | 元和　四 | 一一 | 『大学』を読み感激し、志を立てる | 藤原惺窩没 |
| 一六一九 | 五 | 一二 | 父母の恩・祖父の恩・君の恩を思う | 熊沢蕃山出生 |
| 一六二〇 | 六 | 一三 | 賊徒須卜の襲撃に沈着豪胆に対処する<br>冬、祖父任期終了しともに大洲へ戻る | |
| 一六二一 | 七 | 一四 | 家老の話を聞き、取るべき内容のないのに驚く<br>天梁和尚について書・詩・連句を学ぶ<br>秋、祖母没す（歳六三） | |
| 一六二二 | 八 | 一五 | 元服する<br>祖父吉長没す（歳七五） | キリシタンの大殉教<br>中国、白蓮教徒の乱<br>山鹿素行出生 |
| 一六二三 | 九 | 一六 | | 徳川家光将軍となる |
| 一六二四 | 寛永　元 | 一七 | 京都から来た禅師の『論語』の講義を聞く<br>『四書大全』を求めて、独学する | |
| 一六二五 | 二 | 一八 | 小川村で父吉次没す（歳五二） | |
| 一六二七 | 四 | 二〇 | 朱子学に従い、格法主義に立つ<br>はじめて門人に『大学』を講義する | 伊藤仁斎出生 |

| | | | | |
|---|---|---|---|---|
| 一六二八 | 寛永　五 | 二一 | 『大学啓蒙』を著す | 江戸で女歌舞伎流行する<br>イギリス権利請願 |
| 一六二九 | 六 | 二二 | 「孔子殿来る」といわれ荒木氏を面罵する | 紫衣事件で後水尾天皇退位<br>幕府、女歌舞伎を禁止する |
| 一六三〇 | 七 | 二三 | 帰省し小川村の母を訪ねる<br>「安昌玄同を弑するの論」を作る | ケプラー没<br>山田長政、シャムで毒殺さる |
| 一六三一 | 八 | 二四 | 「林氏剃髪受位の弁」を著し、林羅山を批判する | 徳川義直、林羅山の忍岡別荘に先聖殿を建てる |
| 一六三二 | 九 | 二五 | 春、再び小川村に母を訪ねる<br>帰路、船中ではじめて喘息を患う<br>新谷分封により藩主の弟織部正に仕えることとなる | タージ・マハールの築造開始<br>黒田騒動決着 |
| 一六三三 | 一〇 | 二六 | 正月『韓詩外伝』を読んで、母を思う詩を作る | 熊沢蕃山、池田光政に仕える |
| 一六三四 | 一一 | 二七 | 脱藩し、小川村に帰る<br>刀を売って元手とし、酒を売り米を貸して、暮らしを立てる | 伊賀上野の仇討ち<br>参勤交代の制度決まる、翌年より実施 |
| 一六三五 | 一二 | 二八 | 易を研究する | 鎖国令 |
| 一六三六 | 一三 | 二九 | 大洲藩士や村人が藤樹の門に次第に集まる | 日光東照宮落成 |

| | | | | |
|---|---|---|---|---|
| | | | 秋、京都に行く | 石川丈山、詩仙堂を営む |
| 一六三七 | 寛永一四 | 三〇 | 高橋久子と結婚 | 島原の乱<br>デカルト『方法叙説』なる |
| 一六三八 | 一五 | 三一 | 大野了佐来り学ぶ。藤樹彼のために『捷径医筌』を作る | 蕃山致仕し桐原に行く<br>伊勢参宮大流行 |
| 一六三九 | 一六 | 三二 | 『持敬図説』『原人』を著す<br>「藤樹規」「学舎座右銘」を作り、門人に示す<br>夏、門人と竹生島に遊ぶ<br>秋、『論語郷党啓蒙翼伝』なる。病のため論語の解の作成中断する | 鎖国の完成 |
| 一六四〇 | 一七 | 三三 | 夏以降『孝経』を毎朝読む<br>『性理会通』を読み、太乙神を祭る<br>『太乙神経』を著そうとして病のため中止<br>『霊符疑解』『翁問答』を著す<br>冬、『王龍渓語録』を読み、陽明学に接す | イギリス長期議会はじまる |
| 一六四一 | 一八 | 三四 | 格法主義の非なるを悟る<br>夏、伊勢神宮参詣 | 岡山藩花畠学舎を創設する<br>（藩校のはじまり） |

| | | | | |
|---|---|---|---|---|
| 一六四二 | 寛永一九 | 三五 | 冬、熊沢蕃山、門人となる。翌年四月にかけて教えを受ける<br>『孝経啓蒙』に着手す<br>もっぱら『孝経』を講義し、愛敬について教える<br>冬、長男生まれる<br>この前後より心学を積極的に主唱する | オランダ人マラッカ占領<br>前年からの冷害凶作のため大飢饉となる<br>イギリス清教徒革命 |
| 一六四四 | 正保元 | 三七 | 春、医書『神方奇術』を撰述する<br>『陽明全書』を読み、「心事元是一也」の確信を得て自己の学問と人生の完成に見通しを得る。学問、日に進む<br>淵岡山門人となる | 山鹿素行の兵法この頃世に名高くなる<br>中国、明王朝滅亡、清の支配開始 |
| 一六四五 | 二 | 三八 | 冬、経書の重要語の解説を同志のために意図するが、病のために一葉ばかりでならず | 熊沢蕃山再び池田光政に仕える<br>宮本武蔵没、沢庵没 |
| 一六四六 | 三 | 三九 | 正月、次男生まれる<br>夏、久子夫人なくなる（歳二六）<br>郡主分部侯に謁す<br>『翁問答』の改正を志すが、上巻及び下巻のそれぞ | 鄭成功援兵を要請、幕府断る |

| | | | | |
|---|---|---|---|---|
| | | | れごく一部に終わる | |
| 一六四七 | 正保　四 | 四〇 | 池田光政の招きを断る<br>『鑑草』刊行される<br>後妻に別所布理を迎える | 山崎闇斎『闢異』を著す<br>小堀遠州没 |
| 一六四八 | 慶安　元 | 四一 | 三男生まれる<br>藤樹八月一五日朝亡くなる | ウェストファリア条約 |
| 一六四九 | 二 | | | 慶安御触書公布<br>イギリス共和制宣言 |
| 一六五〇 | 三 | | 『翁問答』刊行される | |
| 一六五七 | 明暦　三 | | | 林羅山没<br>徳川光圀『大日本史』着手 |
| 一六六〇 | 万治　三 | | | イギリス王制復古 |
| 一六六五 | 寛文　五 | | 母市亡くなる（歳八八） | |

# さくいん

—D—

中江藤樹《なかえとうじゅ》■人と思想45　　定価はカバーに表示

1974年 9 月25日　第 1 刷発行©
2015年 9 月10日　新装版第 1 刷発行©

・著　者 ……………………………… 渡部《わたなべ》　武《たけし》
・発行者 ……………………………… 渡部　哲治
・印刷所 ……………………… 法規書籍印刷株式会社
・発行所 ……………………… 株式会社　清水書院

〒102-0072　東京都千代田区飯田橋3-11-6
Tel・03(5213)7151～7
振替口座・00130-3-5283
http://www.shimizushoin.co.jp

検印省略
落丁本・乱丁本は
おとりかえします。



CenturyBooks

Printed in Japan
ISBN978-4-389-42045-1

Century Books

## 清水書院の〝センチュリーブックス〟発刊のことば

近年の科学技術の発達は、まことに目覚ましいものがあります。月世界への旅行も、近い将来のこととして、夢ではなくなりました。しかし、一方、人間性は疎外され、文化も、商品化されようとしていることも、否定できません。

いま、人間性の回復をはかり、先人の遺した偉大な文化を継承して、高貴な精神の城を守り、明日への創造に資することは、今世紀に生きる私たちの、重大な責務であると信じます。

私たちがここに、「センチュリーブックス」を刊行いたしますのは、人間形成期にある学生・生徒の諸君、職場にある若い世代に精神の糧を提供し、この責任の一端を果たしたいためであります。

ここに読者諸氏の豊かな人間性を讃えつつご愛読を願います。

一九六六年

SHIMIZU SHOIN